带梦逐路 ②

民营企业参与高质量共建
"一带一路"故事集

中华全国工商业联合会　组织编写

知识产权出版社
全国百佳图书出版单位
—北京—

图书在版编目（CIP）数据

带梦逐路 . 2，民营企业参与高质量共建"一带一路"故事集 / 中华全国工商业联合会组织编写 . —北京：知识产权出版社，2023.8

ISBN 978-7-5130-8853-4

Ⅰ . ①带… Ⅱ . ①中… Ⅲ . ①故事—作品集—中国—当代 Ⅳ . ① I247.81

中国国家版本馆 CIP 数据核字（2023）第 143287 号

内容提要

时值"一带一路"倡议提出十周年之际，中华全国工商业联合会委托中国传媒大学魏晓阳教授团队统筹组织编写本书。项目组从全国上报的 60 余家民营企业中，按照责任与贡献、行业与区域等综合因素，遴选出 12 家各具特色的优秀民营企业，并对这些企业进行深入调查研究和访谈，以企业在"一带一路"沿线国家发展的典型案例入手，聚焦高标准、可持续、惠民生的高质量发展目标，展示优秀中国民营企业参与共建"一带一路"的丰硕成果，彰显"一带一路"倡议下中国民营企业的卓越价值，展现优秀中国民营企业在中华文明跨文化传播中的独特贡献。

本书适合跨文化传播、国际关系、品牌传播、产业经济学等研究领域读者阅读。

责任编辑：李石华　　　　　　　　　　　责任印制：刘译文

带梦逐路 2
——民营企业参与高质量共建"一带一路"故事集
DAIMENG ZHULU 2
——MINYING QIYE CANYU GAOZHILIANG GONGJIAN "YIDAIYILU" GUSHIJI

中华全国工商业联合会　组织编写

出版发行：知识产权出版社有限责任公司	网　　址：http://www.ipph.cn
电　　话：010-82004826	http://www.laichushu.com
社　　址：北京市海淀区气象路50号院	邮　　编：100081
责编电话：010-82000860转8072	责编邮箱：303220466@qq.com
发行电话：010-82000860转8101	发行传真：010-82000893
印　　刷：三河市国英印务有限公司	经　　销：各大网上书店、新华书店及相关专业书店
开　　本：170mm×240mm　1/16	印　　张：13
版　　次：2023年8月第1版	印　　次：2023年8月第1次印刷
字　　数：200千字	定　　价：98.00元
ISBN 978-7-5130-8853-4	

出版权专有　侵权必究
如有印装质量问题，本社负责调换。

编委会

编委会主任	邱小平
编委会副主任	葛 敏　刘 璐　于明晟　魏晓阳
主 编	魏晓阳
副主编	张树锋
编 委	许 聪　俞彦超　李 强　韩 晋
	苏 洋　任雨贤　朱若菡

目 录

01　架起非遗文化走向世界舞台的"友谊之桥"

19　为"绿色丝绸之路"注入中国的年轻力量

39　"走出去"就得"霸得蛮"

55　扬起驶向远方的健康之帆

75　"魔法棒"成就人机协同"小巨人"

91　驶向塔朱拉港口的"黄陂捌号"

109　用人工智能助力"一带一路"建设

124　绿色农业绘就跨国共享的梦想

139　Hi，"石油同学"

156　全球农牧产业的中国方案

172　点亮全球"工业唐人街"的燎原星火

186　让"锂论"照进现实

天津荣程祥泰投资控股集团有限公司

架起非遗文化走向世界舞台的"友谊之桥"

  2017年初冬时节,斯里兰卡首都科伦坡迎来了一群"神秘"的客人——他们身穿五彩斑斓的服装、头顶风情万种的头饰,为科伦坡人民带来了一场内容丰富的"中国文化盛宴"。科伦坡观众们穿梭在艳丽的唐卡、精细的蛋雕、气派的满绣、梦幻的水族水书、灵动的风筝、俏皮的苗绣中,目不暇接、啧啧称奇。在藏族非遗手艺唐卡的展位前,两位来自科伦坡的女学生看到精美的工艺品不由地惊声赞叹,她们拉着唐卡画师合影,照片中的她们笑靥如花。

  这一切,都发生在由中国民营企业天津荣程祥泰投资控股集团有限公司(以下简称"荣程集团")发起的文化交流活动"中国·时代记忆非遗斯里兰卡行"的现场。多年来,荣程集团积极响应国家"一带一路"倡议,架起民间友谊桥梁,推进中华文化在海外交流,讲述中国故事,传播中国文化。

荣程集团总部

非遗出海：荣程集团时代记忆的跨文化传播

2017年8月，正值季夏时节，来自青海热贡的著名唐卡画家兰卡正在天津举办个人作品展。在展览时出现了一位女士的身影，沉稳的步伐中满是自信，睿智的目光里满是慈悲。她便是荣程集团董事会主席张荣华。看着这些技艺精湛的唐卡作品，张荣华知道，自己苦苦寻找的匠人出现了。她随即联系了兰卡老师。

"我当时不知道张总是荣程集团主席，但她看起来充满正气，面容慈祥。"兰卡老师回忆起初次与张荣华见面，说道："张总和我说，荣程集团要推动非遗出海，准备在海外举办非遗文化作品展览，邀请我一起去斯里兰卡展出作品。我一听可高兴坏了，我们辈辈相传的技艺如此精湛，但就是缺少向世界推广的平台，所以我立即就应下了。"四个月后，心怀要把唐卡文化推向国际的期望，兰卡跟随"中国·时代记忆非遗斯里兰卡行"活动前往斯里兰卡科伦坡。

科伦坡时间2017年12月4—6日，由荣程集团发起主办的文化交流活动"中国·时代记忆非遗斯里兰卡行"非遗展在当地中国文化交流中心如期举办。由张荣华女士亲自率队，荣程集团为当地民众带来的非遗文化展品一经亮相，便吸引了众多关注和赞许的目光。一时间，从政府官员到当地企业家，从普通百姓到大中学生，都成为中国非遗文化的"粉丝"。攒动的人流中，有两位斯里兰卡女学生驻足在藏族非遗唐卡的展位前，仿佛时空凝固了一般，一待就是一个下午。深深吸引她们的是兰卡老师手工绘制的唐卡作品——《五百罗汉图》。眼前这幅长6米、宽1.3米的艺术巨作给两位女学生带来巨大的震撼，她们反复询问道："这是电脑合成的吧？"这样的疑惑，兰卡老师司空见惯，他从容地说道："我花了近五年的时间，完全用纯手工画了这幅唐卡。"两位女生听了简直要惊掉下巴，说："花了五年时间，就为了完成这一幅作品！难怪每一个细节都处理得那么完美，这简直是太不可思议了！"她们激动地拉

张荣华女士（中）在"中国·时代记忆非遗斯里兰卡行"开幕式现场

着兰卡老师，留下了一张永恒的跨越国界和民族的合影。

斯里兰卡之行后，时隔近一年时间，2018年11月，时代记忆的东风又吹到了东欧的捷克，"中国·时代记忆非遗捷克行"在布拉格盛大开幕。兰卡带着自己的得意之作——《文殊菩萨》《释迦牟尼佛》和《莲花生大师》等来到了遥远而浪漫的布拉格。一同前去的还有国家级满绣非遗传承人刘雅梅老师。在展览上，刘雅梅老师现场展示刺绣技艺，只见小巧的绣花针在她手中上下飞扬，不一会儿栩栩如生的花鸟图便呈现出来，引来阵阵欢呼。瑰丽秀美的满绣深受捷克当地女孩的喜爱，她们簇拥在刘雅梅身边，拿起细细的绣花针，感受中国女红，场景热闹非凡。"我手把手地教她们怎么穿针引线，大家都特别热情。跨越了大半个地球，在其他国家，我们的满绣也同样深受喜爱。虽然语言不通，但是通过刺绣技艺大家都能亲切地交流，如今回想起来依然非常感动。"刘雅梅老师回忆道。"没想到，世界上还有这么精湛的手工技艺和精美的手工艺品，真是令我们大开眼界！"这是刘雅梅在捷克听过最多的评价。

实际上，荣程集团的非遗海外传播早就开始行动了。在斯里兰卡和捷克非遗展示之前，"时代记忆"的非遗展览还于2017年8月光临过英国伦敦。杨柳青木版年画、老美华、"风筝魏"、益德成闻药、赫哲族鱼皮画、津派花丝镶嵌、萨满剪纸、津派玉雕联升斋刺绣、葫芦庐、塞北泥人、龙菜等众多中华优秀文化遗产项目在当地展出。第二批国家级非物质文化遗产项目风筝制作技艺代表性传承人、"风筝魏"第四代传人魏国秋老师回忆起这段旅程时感触颇深："我带去的风筝，包括现场制作的风筝基本被抢购一空。很多外国人一看到我的风筝就爱不释手，好几天的展销，我的摊位前总是排起长队，别人都说那是一道靓丽的风景线！"其中最受欢迎的要数"室内太极风筝"，这种风筝在屋里就能飞，不需要风，这对英国观众来说可谓闻所未闻。汉特恩是当时在展览中买过风筝的一位英国朋友，他对魏国秋老师的制作技艺留下了深刻的印象。几年后，在他的生日之际，汉特恩又慕名特地前来中国天津"风筝魏"工作室，在魏国秋老师的指导下亲手制作了一只风筝，作为送给自己的礼物。"这个生日过得很有意义，我非常高兴！"汉特恩手捧着自己花费一天时间手工制作的风筝，开心地说道。

魏国秋深情地说："作为非遗传承人，特别感谢荣程集团和张荣华女士为我们提供了传承的信心和展示的舞台，不仅是在国内，而且走到了国际，感恩这份信任，感恩这份守护，我们一定不辜负这份热情和期许，不断努力。"

荣程集团作为民营企业，却对中华传统非遗文化抱有深深的热忱，几度承办"中国·时代记忆非遗行"，以实际行动推动更多的非遗文化走向世界舞台，做好中华优秀传统文化的传承人和传播者，为推动中国非物质文化遗产保护与传承贡献力量。推动荣程集团这样做的是张荣华心头那份割舍不下的情和那份对中华文化的挚爱。

文化情怀：张荣华带领荣程集团转型延伸

荣程集团将非遗文化项目举办得活色生香，将传统文化和非遗文化送出国门，让中国文化在世界舞台上绽放光彩，同时将自身的文化产业发展得如火如荼。作为以钢铁制造发家的集团，荣程集团向文化产业领域转型的战略与张荣华自身的情怀密不可分。

身为女性，张荣华对文化艺术有着细腻独到的理解力和感受力，也对文化产业情有独钟。"我希望将中国优秀的传统文化和精神传递、传播、传承，如寻找非物质文化遗产，挖掘弘扬匠人精神，引导'双创'，也是一件有意义的事。"谈起自己的兴趣，张荣华眼里泛着光。载着对中华文化的赞赏和深爱，荣程集团以推动"中国品牌，世界字号"建设，讲好时代故事和中国故事的重要力量为代表的文化版块，开启了在文化产业领域的探索之旅。

2013年，天津时代记忆馆落成，这是荣程集团"十三五"转型升级发展文化产业的重要呈现载体。展厅整体建筑面积5400平方米，方向是红色文化的传承、传递、传播。一进入场馆内，首先映入眼帘的是金碧辉煌的时空殿堂，往东侧前行是革命史展厅，西侧则是时代回忆展厅，还包括时代影像放映厅及主题临展厅，以1921—1949年时间轴为主线，延伸打造1950—2021年党的百年光辉奋斗历程。

此后，荣程集团的文化产业的发展脚步越走越快。荣程集团投资建设的全国首个56个民族非遗文化保护传承中心于2017年12月26日建成开馆，建筑主体分5层，共约5000平方米，全景式呈现56个民族的生活方式、生产场景，构建起一种文化保护与产业发展相融合的新模式，挖掘、保护、传承、创新、发展民族文化和非遗文化，整合56个民族的文化资源。每个空间作为创意创业家园，引入匠人入驻合作，帮助民族匠人创业，获得反哺家乡、带动家乡致富的本领，助力乡村振兴。

走进56个民族非遗文化保护传承中心，不同民族特色的非遗手工艺品都在此陈列展销。在藏族博物馆，藏族非遗匠人认真介绍了藏族服饰的特色，向参观者赠送哈达；在蒙古族馆，蒙古族非遗工匠弹起了马头琴，敬上马奶酒；在瑶族馆，瑶族非遗工匠通过对茶文化的介绍，为大家细致讲述了"安化黑茶"的制造工艺流程和文化传承历史，并请大家捧起茶壶，品茗论茶……56个民族非遗文化保护传承中心与非遗传承人的密切合作，成为非遗匠人对外展示销售的重要平台之一。曾跟随"非遗行"出海的满绣传承人刘雅梅老师、"风筝魏"魏国秋老师和唐卡大师兰卡，以及津门百年老字号老美华等，他们的作品都以时代记忆文化馆作为对外宣发出售的桥梁。"56个民族非遗文化保护传承中心不仅是一个非常有影响力的展示平台，而且也为很多非遗匠人带来可观的收入。"魏国秋说，荣程集团是一个很有社会责任感的企业，帮助这些具有"时代记忆"的手艺人不被时代遗忘。

自2017年起，荣程集团积极构筑中华优秀传统文化的国际化沟通桥梁，

56个民族非遗文化保护传承中心一角

响应国家"一带一路"倡议,先后走进斯里兰卡、英国、美国和捷克,助力中国优秀文化走出去。在开展文化交流的同时,荣程集团积极为消费者与非遗传承人搭建平台,带动手艺人就业,解决了非遗产业化过程中信息不互通的痛点,推动东西方文化互鉴。此外,荣程集团还创造性地将非遗技艺与跨境运营相结合,积极推动中国非遗文创走向海外。

自2022年6月起,荣程集团时代记忆非遗产品已陆续在东南亚、南美地区及中国台湾地区电商市场上架,首届非遗购物节活动就吸引了2万余人次的线上参观和体验。尤其是明星产品"非遗锦盒",全系列由工艺美术大师纯手工打造,融入了更多契合当代的生活方式,将久经沉淀的技艺和令人惊叹的细节植入作品,一经推出就成为爆款。

"非遗锦盒是我们张荣华主席的创意。"荣程集团行政中心副总经理万宏说道,"非遗锦盒里的每个产品都凝聚着荣华主席的心血和智慧,她事无巨细地亲自参与甄选、策划、设计,直到出品,竭尽全力帮助、扶持、鼓励、带动来自全国的非遗手工匠人在当地创业,关注所有非遗锦盒的市场,搭建线下展销和'非遗地图'等网络平台,探索非遗传承及产业新路径,且乐在其中。她就是打心底里喜欢我们的传统文化,并有这份一定要将其传承好的毅力和信心"。为更好地以非遗为媒传播中华优秀传统文化,荣程集团跨境出口团队还通过英国非遗视频号,定时更新中国非遗手作体验包短视频,配合产品创作及应用场景演示,赢得了海外民众的赞誉。

"我在一个有信仰的家族诞生,信仰可以让人明因果、知仁义、懂事理,约束人性过多的欲望,赋予个人内心强大的力量。希望我可以用这种力量为地球创造价值,带来福报。"张荣华的话在荣程集团人心中建起一座座信仰的丰碑,正是缘于这样崇高的家族信仰,张荣华将守护和传承、发展和振兴祖国文化视为己任。历经十年发展,文化自信的背后,潜藏着荣程集团助力文化强国建设的初心、决心、信心、雄心。

产业报国:荣程集团发展与祖国同呼吸、共命运

35年前,河北省唐山市一台磨豆腐的石磨是书写"钢铁巨轮"传奇的起点。作为商界中的模范夫妻,张祥青和张荣华两人是外人眼中的"金童玉女"。创业之前,两人同面风雨,共经磨砺。

张祥青有一个非常不幸的童年。1969年,张祥青出生在河北唐山一个普

通农民的家庭，是家里第 6 个孩子。1976 年，年仅 7 岁的张祥青被天崩地裂的唐山大地震带走了父母和一个哥哥。在经历生活的风霜后，15 岁的张祥青与过去边上学边捡垃圾、割猪草、卖冰棍的日子挥手告别，进入唐山的一家钢铁厂工作，当时的他是厂里年龄最小的炉前工。成年后，张祥青又去石家庄学习做豆腐。此后，张祥青靠卖豆腐开始独立生活。

1988 年 12 月 13 日，张祥青和同为唐山人的张荣华成婚，开启了小两口的致富之路。刚开始他们经营着一些卖早点、磨豆腐、养猪的小生意，起早贪黑、勤劳打拼地过了好几年，终于成为我国第一批"万元户"。

1991 年，不满足于现状的张祥青预备着手做废钢生意，于是把家里的小生意交给妻子张荣华。怀揣着当时家里全部 1.8 万元人民币，张祥青只身前往北京闯荡。可开局不顺，第一笔生意就把辛苦攒下来的 1 万多元人民币赔光了，两口子在一夜之间又陷入重重困难的境地。然而二人没有泄气，顽强地坚持了下来。

1991 年经营废钢生意的张祥青

改革春风吹遍中国大地，老天没有辜负张氏夫妇的努力。1993年，张祥青赚到了在钢铁行业的第一桶金300万元人民币。

1994年，唐山丰南顺达冶金原料厂在张祥青、张荣华的操办下创建起来，两人走上实业报国之路。低成本经营使企业快速成长，而低成本、高效率的生产，也初步形成了荣程集团精细化管理的传统。

1998年4月，夫妇俩利用做废钢生意的优势，组建丰南冀发特种钢材有限公司，在同行业里率先使用高炉煤气生产烧结矿，解决了高炉煤气放散造成的空气污染的问题，企业发展进入快车道。

1999年10月，他们成立唐山市合利钢铁厂，开始全流程冶炼钢铁。2001年4月，从初步接触、开始谈判，到整体买断原渤海冶金钢铁公司，用了短短14天的时间，就改组成立了天津荣程钢铁厂，当年即实现产值1.3亿元人民币，上缴税金252万元人民币，充分显示出张祥青夫妇创业的胆识和魄力。

2003年，夫妇俩正式注册成立天津荣程联合钢铁集团，整合丰南荣程、唐山荣程，实现集团化经营。

2007年，荣程集团成立，自此步入快速发展轨道，也成为天津钢铁行业中的龙头企业。

仅有可观的营收还没达到张祥青和张荣华的目标，他们深知，要实现可持续发展，就要向现代化、绿色低碳转型。从2001年开始，为实现产业链延伸、工艺技术改造、装备升级、"两化"融合智能制造和节能减排、绿色工厂建设，荣程集团投入巨资，老旧小钢铁厂摇身一变，成为一座现代化钢城，巍然屹立在津沽大地。

2014年，张祥青因病去世，经历丧夫的张荣华强忍着内心的剧痛，全面接管了这个几百亿营收的大集团，用女性特有的温情与细心守护并壮大着荣程集团，完成了从弱女子到"铁娘子"的涅槃。

2017年，也就是张荣华接管荣程集团的第3年，集团年营收高达660亿元人民币，登陆了中国500强企业第73位，连续14年位居天津市民企营收第一位。

张荣华继承丈夫张祥青的社会责任与情怀，为绿色节能、人类健康事业添砖加瓦。她在环境保护和节能减排方面投入巨资：关闭了全厂11眼地下井，助力解决天津水资源缺乏问题；投入3亿元人民币建污水处理厂，荣程集团是全国第一家采用城市废水的冶金企业；同时，率先压缩了50万吨炼铁产能，淘汰落后的工艺装备。

近年来，荣程集团在节能环保方面投资达55亿元人民币。张荣华说："我们要一步一个脚印地往前走，打造一个节能型、环保型、绿色型、与城市和谐共生的钢铁企业。"健康版块的产品开发、基地建设、平台运营日新月异，秉持"实现人类健康百年"的梦想，目前荣程集团的生产能力已达到年产健康酒300吨，孝亲米、北纬45、荣程品位等多种新产品不断推出，大健康产业园区的运营也蒸蒸日上。"涉足文化与健康产业，一是完成先生未竟的事业，二是自己对健康二字也是深有体悟，有一部分是读《心经》有感而发。"张荣华说，《心经》讲的是参禅的一种境界，淡泊口腹之欲，耳目之快。但对于大众，民以食为天是亘古的道理，荣程集团做多元健康版块的初衷是对健康餐桌的一份承诺，让大家吃得健康，喝得生态。张荣华以一颗充满正念的智慧心继续前行，完成先生的遗愿。

张荣华在行业内被冠以"钢铁女王"的称号，如此巨大的成功是实至名归。她带领着荣程集团践行实业报国的伟大理想，更将这份理想推向"一带一路"的国际平台。

结构布局：面向"一带一路"倡议的荣程思维

"我们对荣程钢铁的质量和服务都非常满意，希望以后我们能长期合作！"是谁在对荣程集团的产品赞不绝口呢？原来，2020年，巴基斯坦一条在建铁路正在铺设，荣程集团研发的铬合金热轧盘条SWRH82B-VCr在建设中发挥了大作用。客户不远万里发来了这段赞美。

2019年11月，一个来自巴基斯坦的客户把电话打到了荣程集团营销公司。电话那头，客户的需求直截了当："我们要建一条铁路，听很多人说荣程的产品预应力钢丝质量上乘，我们想先去你们公司考察一下产品，再决定是否跟你们达成交易。"

荣程安排他们参观了理化检验中心和钢铁生产线后，巴基斯坦客户表达出了强烈的合作愿望。但还不能高兴得太早，因为客户提出的订单需求难度系数极高——要求铬合金热轧盘条达到15毫米的规格，产品具有稳定的化学成分、纯净的钢质、优良的力学性能及显微组织。

15毫米规格的铬合金热轧盘条SWRH82B-VCr规格大、合金含量高，无论对轧制技术，还是生产工艺控制，都有很高的要求。迎难而上是荣程一贯的风格，荣程集团全面分析客户需求，各单位密切配合，大力自主开发，并有针对性地调整加工制作工艺，合理设计成分配置以减小淬透性元素对异常组织的影响，采用低拉速、低过热度、大比水量的工艺参数降低连铸坯偏析，通过钢坯高温长时间加热促进偏析元素进一步扩散，通过盘条三段式控冷模式控制组织均匀性，切实保障产品各项指标优于技术要求。

终于等到第一批荣程铬合金热轧盘条SWRH82B-VCr投入使用，荣程集团屏息凝神地等待着对方的反馈。"非常好！非常好！"巴基斯坦客户竖起了大拇指，项目组成员一片欢腾。2020年2月上旬，巴基斯坦客户向荣程集团发来了第二次订单需求。

天有不测风云，新冠疫情来袭之际恰逢新一批产品生产中。在一片阴霾笼罩下的荣程集团与疫情做斗争，加足马力生产，各道工序上安排精兵强将严守防线，精心操作生产过程，加强对细节的控制力，最终按期交付了订单。

2013年"一带一路"倡议提出之后，荣程集团一直积极响应，依托钢铁实业，推动健康产业、传统文化等多元产业在斯里兰卡、英国、捷克等国发展，实现了"实业为根、文化为本"的发展模式，贸易往来合作遍布世界五大洲多个国家。

时光流转之间，有荣程集团参与的埃及苏赫纳第二集装箱码头项目于2021年2月顺利完工，这是"一带一路"示范性工程。工程交付后，苏赫纳港区集装箱的吞吐能力大幅提升，为建设苏伊士运河走廊和发展埃及整体经济增添了新动能，让"中国制造"得到了埃及政府和社会各界的广泛关注并获得一致认可。而这个巨大项目光鲜亮丽的背后，也遇到了许多不为人知的困难。

埃及苏赫纳第二集装箱码头要求其结构中的钢材产品品质一流、性能强大。荣程集团为助力"一带一路"国际合作，全身心投入钢材产品的研发，充分发挥基层党组织战斗堡垒作用，营销公司党支部、炼钢党支部、轧钢党支部紧密配合，协同联动，力求产出能达到要求的产品。集团终于开发出用于加工制作700级ϕ85mm高强度码头钢拉杆，这是一种屈服强度、抗拉强度、延伸率和冲击力等各项性能优异的35CrMoA拉杆用钢，应用在苏赫纳第二集装箱码头地连墙结构中。产品成功应用于苏赫纳第二集装箱码头建设，只是荣程钢铁高端产品助力大国重器的一个缩影。荣程集团开发的获得市场效益的产品包括齿轮钢、曲轴钢、轴承钢、高强度自行车辐条用钢、高合金锚链钢、超高压锅炉管钢等数十种钢材品种。如今，港珠澳大桥、国家海洋岛礁工程、京雄高铁等国内重点工程均应用了荣程钢铁产品，其并出口到韩国、印度尼西亚、巴基斯坦等国。

"国际钢材市场是日益开放的一体化市场，钢铁企业为充分发挥自身产能

埃及苏赫纳第二集装箱码头

优势,实现经营资源的有效配置,应将经营视野由单一的国内市场转向国际大市场,这也正是荣程集团钢铁业务的一大重要发展方向。"荣程集团董事会主席张荣华说。未来,荣程集团将继续乘着"一带一路"的航船,布局整个蓝色星球的市场。

2021年4月28日,荣程集团成功完成与天津物产集团商品贸易版块的战略重组,天津融诚物产集团亮相问世。依托荣程集团全流程的钢铁生产能力,新成立的融诚物产集团充分整合产业链上的优势资源,建立智慧化、多向性供应链集成服务平台,降低产业链各环节交易成本,提高供应链服务效率,成为国际化、多元化的数字化集成服务商和钢铁制造商。

责任担当：荣程恪守的社会公益使命

2017年12月6日，正逢"中国·时代记忆非遗斯里兰卡行"海外文化交流活动在科伦坡持续进行之时，张荣华赶赴斯里兰卡的平纳瓦拉大象孤儿院，捐赠5万元人民币用于支持收养因战火负伤及患病受伤而无家可归的幼象，为保护野生动物尽一份力，而这只是荣程集团众多公益慈善举动中的一段剪影。

"感恩社会，传承爱心"一直是荣程集团秉承的公益理念。2004年12月26日，印度尼西亚苏门答腊以北的海底发生地震，引发高达10余米的巨大海啸，范围波及索马里及留尼汪、毛里求斯等国，造成了巨大的人员伤亡和财产损失，荣程集团第一时间向灾区捐款1800万元人民币用于灾难救助。

2019年4月，张祥青和张荣华的爱女张君婷正式接任荣程钢铁集团董事

天津市荣程普济公益基金会为斯里兰卡·大象孤儿院进行慈善捐赠

长一职，延续着父母的慈悲与善心。张君婷自幼常跟随父母参与公益慈善事业，从加拿大不列颠哥伦比亚大学毕业后，她通过发起扶贫助学行动，带领国际留学生到湖北深山支教。面对 2020 年新冠疫情，张君婷立即通过荣程普济公益基金会向社会捐款 1 亿元人民币。

"十三五"期间，荣程集团积极践行"一带一路"倡议，积极参加国际慈善与文化交流活动。2019 年 12 月，荣程集团捐赠 100 万美元支持国际特奥会的社会融合项目及特奥地区运动赛事，倡导消除对智力障碍人士的歧视和积极助力包容性社区的创建。荣程集团以自身行动传递中国声音，诠释人类命运共同体理念。2021 年河南水灾发生后，张君婷再次部署捐赠 2000 万元人民币，坚持"紧急救援 + 灾后重建"两步走，全方位助力河南灾区……

荣程集团过往的成绩中记录着荣程人的勤劳、荣程人的质朴、荣程人的担当、荣程人的作为，每一点每一滴都见证着荣程大家庭的合力。荣成人因"信任"二字走到一起，因为"情怀"二字融入更快，更因为"责任"二字将会走得更加久远。而这一点，与张祥青的个人成长经历息息相关。

作为从唐山大地震中走出的孤儿，张祥青深知生命的可贵。他常说，从废墟里爬起来的人，内心都充满感恩。2008 年汶川遭遇地震，在中央电视台举办的赈灾晚会上，原本高举 3000 万元人民币捐赠卡的张祥青大喊："我刚才和我太太商量，再追加捐款 7000 万元人民币，给孩子们建设有安全保障的学校。"因为在他心中，是党和国家给了自己第二次生命，应该为社会贡献自己的一份力量。

"生命存在的意义，就是对社会的贡献"。荣程集团自创立伊始始终积极投身社会公益事业，践行企业社会责任，传递、传播、传承大爱精神，持续创造价值回馈社会。

丝路一家亲，患难见真情。2020 年，新冠疫情肆虐全球，荣程集团迅速启动了全球援助计划，将 143.8 万件总价值 418.7 万元人民币的医疗物资紧急驰援送达意大利、法国、韩国、日本、印度尼西亚、捷克、加拿大及斯里兰卡 8 个国家，助力世界战"疫"。在这个过程中，荣程集团普济公益基金会实现了天津市两个"第一"：第一例捐赠物资出口和第一例海外现金捐赠。

特别是在印度尼西亚，荣程集团普济公益基金会在 2020 年两次伸出援手，捐赠了 107 万只医用口罩、4 万只医用检查手套，总价值逾 300 万元人民币的抗疫物资。物资由印度尼西亚拉贾瓦利（Rajawali）公益基金统一接收，并通过联合国契约组织网（IGCN）、印度尼西亚各省市级政府及当地非政府组织分发到印度尼西亚各省医院、卫生机构、学校及社区，物资发放覆盖印度尼西亚全境。

2020 年 3 月 8 日，正值疫情最严重的时期，荣程普济公益基金会签署与联合国妇女署合作的谅解备忘录，并捐赠 100 万美元，以启动"支持女性从新冠疫情社会经济影响恢复项目"，委托中华全国妇女联合会，以天津、武汉两地为试点，实施针对妇女所有中小企业的多方位疫后恢复计划。

该项目帮助受疫情影响的妇女摆脱困境，取得了丰硕成果。450 家女性领导的中小企业获益；1000 名女性走出疫情影响；29 家女性领导的中小企业女性员工平均收入提高约 5000 元人民币；3 家中小企业免费获 1000 平方米办公空间；传播覆盖 270 余万人……

荣程集团始终秉承"感恩社会，传承爱心"的理念，在各处的公益事业留下忙碌身影，普济公益基金会的公益慈善足迹已遍及全国 23 个省市地区，持续在抗疫救灾、教育发展、扶弱助困、医疗卫生等多领域积极奉献，公益慈善足迹遍及国内外，累计公益捐款近 10 亿元人民币，帮扶人口 300 万人次，持续传递、传播、传承荣程大爱精神。

结语

张祥青、张荣华夫妇二人披荆斩棘、历经沧桑,用几十载春秋谱写了一曲钢铁产业的赞歌。35 年创业发展,22 年扎根天津,荣程集团创业发展的历程就是一段完整的中国民营企业的创业史、奋斗史和成长史。未来,荣程集团将继续以履行企业社会责任为核心,与国家战略同频共振,做富民惠民之事、聚同心同行之力,为全面建设社会主义现代化国家、助力中国式现代化伟大实践、推动和促进国际合作和全面推进中华民族伟大复兴贡献荣程力量、荣程智慧。

寰泰能源股份有限公司

为"绿色丝绸之路"注入中国的年轻力量

"长安复携手,再顾重千金。"2023年初夏,中国—中亚峰会隆重举行。此次峰会,中国同中亚五国签署诸多领域合作协议,落实一系列务实合作新举措,擘画出中国—中亚关系新蓝图。

在这场全球瞩目的国际峰会上,中国企业再次展现出"一带一路"国际经济合作的表率作用。专注于清洁能源投资开发的寰泰能源股份有限公司(以下简称"寰泰能源")与乌兹别克斯坦能源部签署500兆瓦风电合作投资协议书,与吉尔吉斯斯坦能源部签署合作谅解备忘录。寰泰能源董事长南逸还应邀出席吉尔吉斯斯坦总统与中国商界会议、乌兹别克斯坦总统与中国企业家圆桌会等多项重要外事活动,并受到吉尔吉斯斯坦总统扎帕罗夫单独会见。

一家成立仅8年的年轻企业,以绿色能源合作为支点,在中国—中亚峰会上大放异彩,成为中国同中亚国家"民间外交"不可替代的使者。寰泰能源,何以取得如此成就?

虑时间之远,方知大势所归。早在2015年企业创立之初,寰泰能源便把目光锁定于一片蓝海的"一带一路"市场,以哈萨克斯坦为起点辐射"带路"

2023年5月17日，寰泰能源董事长南逸（左）与乌兹别克斯坦能源部部长茹拉别克·米尔扎马赫穆多夫（Jurabek Mirzamakhmudov）（右）举行友好会谈，双方成功签署风电合作投资协议书

沿线国家，开展光伏、风力等绿色电站的投资建设，并逐渐发展成为中亚最大的清洁能源供应商。❶

企业掌门人南逸是一名"90后"，年轻有为的他带领着年轻的企业在海外市场乘风破浪，以企业发展支持国家"一带一路"建设，用一项项沉甸甸的合作成果架设起中国同世界各国互利共赢的"连心桥"。

---

❶ 张继业.中国企业助力哈萨克斯坦实现能源转型［EB/OL］.（2023-05-31）［2023-06-26］.http：//www.xinhuanet.com/power/2023-05/31/c_1212194012.htm.

追风行：青年企业家的荣光与梦想

在哈萨克斯坦库斯塔那州的广袤平原上，一座又一座"大风车"拔地而起，风机缓缓转动，为当地源源不断地送去清洁电能。

这里是寰泰能源投资建设的 Ybyrai 50MW 风电场，每年发电量达 1.9 亿度，可减少约 19 万吨二氧化碳排放。这些"大风车"转出"绿电"的同时，也成了当地著名的网红打卡地，吸引了不少外出郊游的家庭前来合影留念。

"这座风电场由中国企业建造，建成后我们经常带着孩子来参观。"当地居民表示，此前从未了解风力发电，寰泰能源的风电场在当地非常有名，通过它大家知道了清洁能源的好处，也越发感受到中国企业的强大科技实力。

企业在哈萨克斯坦受到欢迎，南逸感到非常自豪。遥想当年创立之初，正因为有国家"一带一路"倡议的大背景，寰泰能源才能又好又稳地"走出去"，成为哈萨克斯坦乃至中亚市场的一张中国企业名片。

寰泰能源的创始人南逸于 2015 年从英国牛津大学学成归国，秉持着"天下兴亡，匹夫有责"的理念，他放弃了一家世界 500 强企业伸来的橄榄枝，选择了自主创业这条富有挑战性的道路，立志凭借自身的能力为国家创造价值。

正当南逸在创业方向进行抉择时，恰逢习近平总书记创新发展"一带一路"建设，倡议构建全球能源互联网，推动能源绿色发展，用太阳能、风能等清洁能源满足全球电力需求。南逸敏锐地意识到这是一个机遇。经过深思熟虑，他决定投身海外清洁能源建设，做一个"走出去"的民营企业家，"一方面可以借着政策的东风将企业的新能源业务推广至海外，另一方面也可以借中国企业'出海'的力量连接起各国人民之间的友好往来。"

2015 年，寰泰能源注册成立。彼时，南逸不过 25 岁，年轻的他怀揣着梦想，将自己的家改造为办公室，迫不及待地想用实际行动支持国家"一带一路"建设。虽然寰泰能源的掌门人很年轻,但是对于企业的定位,南逸的想法非常清晰、明确,"寰"即全球视野,"泰"则体现了稳健经营的理念。"寰泰"的名字,寄托着他的远大志向。

也许是从小就听父辈的创业故事,在耳濡目染之下,南逸对于自己的绿色事业始终抱有热忱,坚持"要做就要做深做透,不怕吃苦,敢为人先"的理念。创业初期,为了开源节流,公司只聘请了四名员工,由于人手问题,南逸选择自己连轴转全球跑业务。即便在假期,他依旧在外出差,一年下来跑了26万千米,相当于绕了地球近7圈。

在这样的"空中飞人"模式下,南逸获得了公司的第一个项目。2015年11月底,南逸与哈萨克斯坦合作伙伴成立了合资公司,共同在哈萨克斯坦开发、投资、建设新能源项目。当时,哈萨克斯坦电力生产以传统燃煤为主,新能源发电占比还不到1%;电力紧缺较为突出,用电高峰期停电的情况时有发生。尤其是阿拉木图州,电力缺口达到200兆瓦。为切实满足这一需求,南逸决定在这一区域建设Kapchagay 100MWp光伏项目。2017年6月,在阿斯塔纳举办的"未来能源"世博会开幕式上,南逸与合作伙伴签署了在哈萨克斯坦投资意向书及光伏电站项目投资协议书。

公司"走出去"的第一个项目落地"一带一路"首倡地——哈萨克斯坦,其意义不言而喻。2018年5月,南逸带着3名工程师,亲自踏上哈萨克斯坦大地开启建设之旅。

"毫不夸张地说,去了以后发现是'两眼一抹黑'。尽管公司在国内有光伏建设经验,但哈萨克斯坦是全新的市场,当地也没有大型新能源项目的先例。整个建设周期都是'摸着石头过河'。"即使做好了乘风破浪、逆境丛生的心理准备,但是南逸一行人还是被打了个措手不及——哈萨克斯坦的基础设施落后,甚至仍旧停留在传统电力阶段;冬天有零下30℃的极寒天气,连动物都会在雪地中被冻成冰雕,前去的员工常常水土不服,机器更是无法在极端天气下使用；哈萨克斯坦与中国文化不同，他们的员工生性自由，员工一年有28天年假，产假可以申请3年，休假期间完全脱离工作环境，这让习惯高效的中国团队难以适应……

谈起这个项目，南逸说："万事开头难，第一个项目确实碰到蛮多挫折，尤其还是在海外。当时一些企业在海外赔钱的失败案例也给我们带来了巨大的压力。"但是面对困境，南逸从未抱有消极态度，他认为不管面临什么困难都要克服然后做下去，困难终究都会在团队的共同努力下被各个击破。

南逸将全部的精力都投入了这个项目中，他没日没夜地坚守在工地上，与项目部的同事们吃住同行，只为严格把握项目细节。当地缺少新能源项目设计规范，南逸就带领团队一遍遍去磨合、去沟通。"我们不知道根据哪条标准来执行，当地政府也不知道怎么审批，整个建设就是互相沟通、试探、学习和成就的过程。"交流中，两国常常会为了一项设计标准上演"激烈"的交锋争执，不过南逸认为那恰恰促进了双方团队的技术交流，多多磨合才能真诚交流彼此的意见，助推项目顺利前进。

有时候，语言的障碍也会徒增沟通成本。哈方工作人员大多只会俄语、哈语，很少有人精通英语。为此，公司在项目建设中经常需要通过翻译与对方交流。但翻译并不是万能的，很多专业术语因认识上的偏差也经常会词不达意。南逸说，为了解决一个问题，来来回回沟通的次数可能多达七八次，尽管曲折迂回，但团队成员之间都毫无怨言。"我们甚至把一些工程的关键环节、隐蔽工程等制作成可视化的图片，帮助当地工作人员理解并掌握技能。"为的就是尽自己所能让任何沟通都能顺畅起来，实现项目早日建成并网。

由于这是寰泰能源在海外的第一个新能源项目，故而缺乏海外项目经验，南逸一路摸索、一路学习。他在探索的过程中，逐渐熟能生巧。南逸意识到质量、安全、工期与成本这四者是项目的重点。为此他严格把控电站设计、设备采购运输、分包商选择、施工过程控制等关键环节，力求从一开始就做到安

寰泰能源在哈萨克斯坦投资建设的 Kapchagay 100MWp 光伏项目

全可靠，以防"千里之堤，溃于蚁穴"，有效地提升了项目效率，保证了工程质量。

经过南逸不懈的努力，Kapchagay 100MWp 光伏项目于 2019 年 9 月成功并网，年轻企业家的荣光与梦想在这第一次的逐日行中圆满实现。在并网仪式上，哈萨克斯坦副总理、阿拉木图州长等官员及商界人士 120 余人亲临现场，许多当地人都表现出对光伏技术强烈的兴趣。那一刻，南逸深刻感受到

祖国发展的强大力量，"我们国家从最开始向先进国家学习，到如今向外输出中国产品、中国标准、中国理念，自豪感油然而生。"

新力量：年轻企业构建中国形象

Kapchagay 100MWp 光伏项目并网运营后，每年发电量为 1.6 亿度，可为当地减少二氧化碳排放 16 万吨。这是哈萨克斯坦首个单体最大的光伏发电项目❶，让当地实现了大规模新能源电站从 0 到 1 的突破，也为寰泰能源在哈萨克斯坦的业务发展打开了市场。

作为中国民企追随"一带一路"倡议的"排头兵"，寰泰能源致力于用清洁能源为共建绿色丝绸之路注入活力，为当地民众带来福祉。翻看寰泰能源的历史，就会发现它在哈萨克斯坦创造了诸多"首个"：除了首个单体最大的光伏发电项目，寰泰能源还投资建设了当地首个单体最大的风力发电项目、疫情下当地首个并网运营的光伏电站……

寰泰能源凭借在人才、融资、成本、风控等方面的核心优势，逐渐被海外市场所认可。在光伏、风能等新能源项目投资建设中，企业将优质的中国技术、设备和标准带到海外，助力"一带一路"沿线国家绿色能源高质量发展，用民营企业"走出去"的方式参与打造一个"美美与共、天下大同"的中国形象。

经过多年的发展，寰泰能源成为哈萨克斯坦最具竞争力的清洁能源供应商。目前，寰泰能源在哈萨克斯坦建成新能源项目 6 个，总规模 380 兆瓦，全部入选"中哈产能合作重点清单"，约占哈萨克斯坦当地新能源总装机规模的 20%。这些风电、光伏项目年发电量可满足约 60 万户当地居民的用电需求，每年减少二氧化碳排放 100 万吨。2022 年，公司凭借着自身强劲的实力，在当地招拍挂新的角逐中，中标 250 兆瓦风电项目。

寰泰能源的竞争力来源于对重重困难的应变能力。在 Ybyrai 50MW 风电项目中，企业克服当地基础设施不健全带来的施工和运营风险，在技术方案、施工管控、运行维护等方面实现风力发电电站技术创新。"当地新能源技术薄弱，我们在项目设计中不断优化技术方案，将风机轮毂加叶片高度达到 160

---

❶ 张继业. 中国企业助力哈萨克斯坦实现能源转型［EB/OL］.（2023-05-31）［2023-06-26］. http：//www.xinhuanet.com/power/2023-05/31/c_1212194012.htm.

米以上，实现当地 100 米以上高耸新能源发电设备零的突破。"南逸补充表示，在后期施工阶段，团队不断反复地科学论证施工方案，在全球范围内选择优质可靠的吊装单位合理组织施工，并通过自动化监控技术保证风机等设备在不同工况下安全运行。

为了顺应"共商共建共享"理念，寰泰能源的项目建设采用"100% 中国制造、100% 哈萨克斯坦施工"模式，即"中哈合作设计、中国设备采购、哈方土建施工、中哈合作管理"。这样一来，一方面带动中国设备出口：据统计，在哈萨克斯坦投资期间，寰泰能源带动远景、东方日升、特变电工等中国品牌的光伏、风电、输配电等设备出口达 18 亿元人民币；另一方面带动中国技术标准"走出去"：寰泰能源在原有中国技术标准的基础上，转化了《GB 50797—2012 光伏电站设计规范》等近 10 个技术标准，带动相关工程技术规程、中国技术标准"走出去"。

在项目建设及运维期，企业大量雇用当地劳动力，高峰时期创造就业岗位近 3000 个，为哈萨克斯坦培养了当地一批优秀的新能源电力工程师，帮助哈萨克斯坦全面提升新能源电力相关技术和经验。

如今，Ybyrai 50MW 风力发电站运行良好，它是哈萨克斯坦库斯塔那州首个新能源项目，在 2023 年 3 月的单月等效满发小时数就超过了 560 小时，而国内同等规模的风电站平均单月等效满发 200 小时，创造了公司的新纪录。

寰泰能源虽是一家年轻的企业，却坚韧成熟、勇敢拼搏，在海外闯荡多年，种种困难都没有牵绊住寰泰能源"踏浪前行"的步伐。

2020 年新冠疫情暴发，给位于哈萨克斯坦阿拉木图市的 Kaskelen 50MWp 光伏电站项目带来了多重考验。"疫情就像一面放大镜，暴露出更多问题，但同时也使我们变得更强大。"

疫情侵扰，在严格的控制下，中方管理人员无法出境，项目进度几近停滞。南逸为了项目能够尽快恢复正常，他带领着项目组创新管理模式。项目的

寰泰能源在哈萨克斯坦投资建设的 Abay 风电项目

管理人员无法到达现场，团队就通过电话、视频等方式培训在哈萨克斯坦员工，指导他们协助完成现场技术管理、工程质量验收等工作。针对设备调试、施工工艺、隐蔽工程、物资管理等无法现场监控的问题，寰泰能源安排专人定时传输视频或照片供专业人员参考，通过施工计划和工作日志把握项目进展，

让项目有条不紊地进行。

最终，在公司中哈团队的共同努力下，原本几近停滞的 Kaskelen 50MWp 光伏电站项目成功复工，如期并网发电，成为疫情下当地首个并网的光伏发电项目。

除了这个项目，位于哈萨克斯坦东南部的 Abay 150MW 风电项目也是寰泰能源在 2022 年疫情反复不断的情况下，公司团队与时间赛跑，保质保量完成全容量并网的优质工程项目。

该项目地理位置偏远，受制于冬季极寒气候，每年有效施工期仅 6 个月。该项目从开工到并网，寰泰团队经历了重重困难，疫情反复、运输艰难、材料难觅、极端气候、地质复杂等诸多挑战都考验着团队的意志和智慧。在并网冲刺阶段，团队狠抓工程细节，开展大量细致排查，发现问题立即整改，最终一次性送电成功，项目实现全容量并网。

疫情下的 Abay 项目如约并网运营，不仅展现出寰泰能源的履约能力，也为企业在所驻国及行业中的口碑积累了信誉。Abay 150MW 风电项目并网运营后，每年的发电量将达 4.9 亿度，可为当地减少 49 万吨的二氧化碳排放。

"危机是对企业履约能力的考验，也是企业在驻在国、在行业中积累信誉的契机。"即便困难重重，寰泰能源依旧乘风破浪，在危机中越挫越勇，侵袭寰泰能源的风浪都变成了这个年轻企业成长的动力。虽然此后身处俄乌战争蔓延、驻在国政治动乱等带来的不利影响中，但是寰泰能源依旧能凭借稳健的经营理念和不断培养起来的核心竞争力，在建设"一带一路"中不断壮大自己的业务版图。

在党的二十大报告中，习近平总书记寄语青年："青年强，则国强。"青年作为社会建设的一员，应当提升自身能力，勇于担当时代重任。民营经济已经成为推动我国发展不可或缺的力量，倘若青年企业家有能力、有理想、有抱负，那么企业就能蓬勃发展，企业也能推动国家强大富强，以民营企业的身份走出去打造优秀的中国形象。寰泰能源就是个典型的例子，南逸独立自强、不怕艰难、勇于探索的个性，让年轻的寰泰能源稳步发展，通过一系列项目来为全世界的绿色生活做贡献。

通民心：全力以赴谱写绿色赞歌

千百年来，一代又一代的使者商旅用智慧和沟通、仁爱和善意，在绵延万里的丝绸之路上造就了"使者相望于道、商旅不绝于途"的盛况。中华文明在包容开放中瑰丽，在吸收融合中璀璨，各民族在交互往来中共存，在文化碰撞中发展。

根植于繁荣兴盛、海纳百川的历史土壤，顺应时代潮流，十年前，"一带一路"倡议应运而生。十年后，秉持"共商、共建、共享"原则的"一带一路"倡议，应者云集。寰泰能源便是其中奋楫逐浪的先行者，在企业投资建设新能源项目的同时，注重用点滴努力助力"民心相通"，让"一带一路"行稳致远。

"真心感谢你们的帮助，我的孩子们都很高兴！"

"当时我收到关于会送我房子的消息时，我感到非常幸福！"

声声感激令人动容，这些发自肺腑的话语来自哈萨克斯坦卡普恰盖市的市民。2020年5月，当拿到寰泰能源赠送的住宅钥匙时，他们的激动之情溢于言表。

2019年9月，在寰泰能源 Kapchagay 100MWp 光伏项目并网仪式上，董事长南逸致辞："我们将努力成为中哈产能合作的促进者、文化的传播者、友谊的增进者。"他将自己的承诺付诸行动，当场捐赠2.5亿坚戈（折合人民币450万元）用于当地公益事业。同年12月10日，为了落实此项公益捐助计划，公司积极参与卡普恰盖市政府发起的 Teniz Towers 小区住宅楼的建设，并买下其中30套住宅赠予当地生活困难者及社会弱势群体。

当地居民 Mapat 是受赠者之一，2002年他因工作受伤成了残疾人，生活状况不尽如人意。"我生活在比较破旧的老房子里，因为残疾收入不理想，所以一直在政府这边申请条件好一点的公寓，改善居住环境。"他透露，自己等了17年，就在他觉得分房无望时终于等来了寰泰能源赠宅的好消息。"如今住进了新房，有了属于自己独立的房间，感到人生又充满了希望。"

寰泰能源的惠民行为有目共睹，不只是Mapat，许多当地居民对这样具有仁爱之心的中国企业赞不绝口，因为这些企业不仅为他们送去了绿色便宜的电能，而且实实在在地改善了他们的生活居住条件。

更难能可贵的是，公司在当地建设项目时，非常关注对环境、对百姓生活的影响。建设风电项目前期，在当地法律没有相关规定的前提下，公司主动开展鸟类评估、噪声、光影闪变等环境评估，以确保项目建设尽可能减少对当地环境的不利影响。

新冠疫情来袭时，公司还携手哈方合作伙伴共渡难关，危难时刻尽显大爱

2019年9月，寰泰能源Kapchagay 100MWp光伏项目并网仪式上，董事长南逸当场捐赠2.5亿坚戈（折合人民币450万元）用于当地公益事业

无疆。疫情最初肆虐中国，寰泰能源哈萨克斯坦分公司在境外通过各种渠道购买了一批总价值 45 万元人民币的医疗防护物资支援中国防疫战；随着海外疫情加剧，寰泰能源又与哈方合作伙伴共同捐赠 80 万元人民币防疫物资，为哈萨克斯坦疫情防控提供力所能及的帮助，得到当地政府的点名感谢。

哈萨克斯坦有一句谚语"友谊是永不枯竭的财富"。在用真心换真心的情谊往来中，寰泰能源将中哈友谊一路播撒。据统计，在哈萨克斯坦近 8 年，寰泰能源先后捐赠了 700 万元人民币，用于当地的教育改善、扶贫、抗疫等工作，造福当地居民。

企业是否真正联通当地民心，寰泰能源的哈萨克斯坦籍员工最有感触。作为 2020 年年底成为寰泰能源（哈萨克斯坦）有限责任公司的一员，职工巴拉克·库尔梅图利（Barak Kurmetuly）在提及自己的工作时说道："我们公司以低碳的方式为当地发电，既能在夜晚照亮人们的家，也能让地球更自由地呼吸，帮助哈萨克斯坦减少空气污染、改善环境。"巴拉克非常认可自己的工作，他深刻知道，寰泰能源是在为子孙后代谋求幸福，为全球赢得一个绿色、可持续发展的世界。

巴拉克的家人们为他而感到骄傲，因为他们清楚地知道自己的孩子正在为一家惠普民生、前途光明、温暖包容的企业工作。可再生能源对于全球有着举足轻重的作用，这个行业不仅是全球经济的关键环节之一，也是实现人类与自然和谐共生的探索变革。除了经济投资，寰泰能源通过一个又一个的项目帮助哈萨克斯坦减少空气污染，还有许多来自中国的工程师和专家与当地工程师交流业务，在中哈双方员工的努力下共建绿色环境。

"家人希望我能获得丰富的经验，未来帮助我们的国家变得更好。"巴拉克如此说道。因同样的想法而加入的哈萨克斯坦籍友人有不少，许许多多的当地人为谱写世界绿色赞歌而共同奋斗着。尹娜·马克西娜（Inna Maxina）就是在了解寰泰能源的发展理念和过程后，欣赏寰泰能源的绿色事业，即人类与自然和谐共生，只因"很喜欢公司生产清洁能源的想法"，尹娜便选择成为其中一员，担任了寰泰能源（哈萨克斯坦）有限责任公司的人事行政负责人。她说："公司为国家做出贡献又创造就业机会，中国同事也乐于提供全面支持。"

正是寰泰能源努力塑造的互利互惠形象，也让越来越多的当地人对中国产生向往。从来没有到过中国的哈方员工库拉莱·阿卜迪加利莫娃（Kurailay Abdyagalimova）对中国表现出极大的兴趣，中国已被列入了她的旅行目的地："中国不仅结合了历史遗产中的过去和现代世界的现实，还应用了突破性技术，已经进入未来。因此，我很想看到快速发展的现代都市，参观那些拥有若干世纪历史的名胜古迹。"

这些良性互通的国际情谊让南逸觉得温暖而自豪，他更加坚定了"走出去"的信心："我们将继续深耕'一带一路'沿线国家的建设投资，通过业务往来不断扩大国际'朋友圈'，为开辟国际合作新空间、加强中外文化文明交流互鉴发挥积极促进作用。"

向未来：寰泰能源绘就和谐画卷

2019年，哈萨克斯坦新任总统访华前夕，一些别有用心的媒体煽动当地民众抹黑"一带一路"建设成果，说"一带一路"多是央企投资、金钱铺路，合作项目都是高污染、落后产能，制造"债务陷阱"等。南逸在海外开拓共同繁荣的机遇之路的同时，牢记国家利益至上是企业"走出去"的神圣准则，在得知某些媒体对"一带一路"倡议的诬陷后，他挺身而出，现身说法。南逸的回答铿锵有力、掷地有声："我们是民企出海，全部项目都是市场化竞价所得；我们投资的项目都是绿色能源项目，减少了二氧化碳排放；所投的项目融资均是由当地的银行及欧洲银行融资获得，不存在'债务陷阱'。"

寰泰能源自创始之日起就遵循文明守法和规范经营的企业文化，在企业发展过程中不断提高管理水平和管理层次。公司先后通过了 ISO9001 质量管理体系、ISO14001 环境管理体系、ISO45001 职业健康安全体系认证，并率先在行业内通过 ISO37001 反商业贿赂体系认证。寰泰能源全力塑造廉洁从业的工作导向，奉行现代企业管理机制，以企业反贿赂举报平台的建设促进公司监督体系的完善，这一系列举动让寰泰能源在国际能源企业发展中获得"通行证"和"金名片"。

"正因我们企业的参与，推动了哈萨克斯坦新能源电价下降，企业缴纳的所得税也较欧洲企业更多，下一步我们还将打造更多接地气、得人心的高质量发展项目。"南逸用寰泰能源的切身案例有力地回击了负面质疑，维护了"走出去"中国企业的口碑。

2022 年 11 月，寰泰能源凭借度电成本优势和良好的国际市场口碑，又在哈萨克斯坦新能源市场新中标 4 个风电项目，总规模达 250MW。该风电项目招标中，每个项目均有近 10 家企业参与竞标，除了哈萨克斯坦当地企业，来自中国、俄罗斯、欧洲等地的企业都参与了同台竞争。最终，63% 的项目被寰泰能源收入囊中；不仅如此，寰泰能源的最低中标价达到了 12.39 坚戈（约 2.6 美分 / 千瓦时），刷新了哈萨克斯坦近 5 年来新能源项目最低中标价，进一步帮助当地降低用电成本。

中国民营企业正成为高质量共建"一带一路"的生力军，它们的努力也得到了越来越多的官方认可。

就在 2023 年新年的第一天，中国驻阿拉木图总领事蒋薇在哈萨克斯坦媒体上发表署名文章，对 2022 年的中哈双边关系进行了回顾总结，也对未来两国关系发展做了展望。值得注意的是，蒋薇总领事在文章中高度评价了寰泰能源对哈萨克斯坦能源领域的贡献，称赞企业在"一带一路"国际合作中发挥出良好示范作用。

无独有偶，哈萨克斯坦能源部部长茹拉别克·米尔扎马赫穆多夫在首届中

2023年5月17日，南逸（左）与哈萨克斯坦能源部部长阿勒马斯阿达姆·萨特哈利耶夫（右）友好会面

国—中亚峰会期间与南逸进行了友好会谈。他高度赞赏了寰泰能源在哈萨克斯坦投资所取得的成绩，希望企业能进一步扩大在哈萨克斯坦投资合作，政府也将为企业提供全方位的支持。

哈萨克斯坦阿拉木图州与寰泰能源有着深度合作经历，州政府能源民生局能源处长在接受媒体采访时曾公开表示，在寰泰能源等中国企业的协助下，阿拉木图州在新能源利用领域走在哈萨克斯坦整个国家的前列。"寰泰建设的新能源项目为州提供了稳定的电力供应，帮助我们缓解供应短缺，为中哈能源合作做出表率。"

哈萨克斯坦仅仅是个起点，年轻的寰泰能源未来肩负着更多光荣使命。寰泰能源将与"一带一路"沿线国家的新能源合作开启更为深远的新篇章，乌兹别克斯坦、吉尔吉斯斯坦等中亚国家已与寰泰能源达成深度合作共识，南亚、东南欧、东南亚国家和地区的业务开拓也正在如火如荼进行中。

除了新能源投资建设，国际绿证交易也正成为寰泰能源拓宽"一带一路"建设及其他国际市场的重要抓手。2023 年 2 月，寰泰能源与某大型国际交易商顺利成交一笔国际绿证业务，将其在"一带一路"沿线国家投运的光伏项目 7000 兆瓦时上网发电量形成的碳资产出售给对方，可抵消二氧化碳排放约 5950 吨。

此外，寰泰能源还正在与世界 500 强企业等紧密磋商国际绿证业务，其在"一带一路"建设投运的新能源项目可以满足各类国际企业对于国际绿证、碳排放抵消的需求，不仅夯实推进"一带一路"高质量发展，也将进一步助力全球能源低碳转型。

南逸表示，寰泰能源致力于让绿色电力惠及更多的全球国家，用更多见实效、得民心的高质量发展项目为各国间的能源合作创造更多机遇。

在"双碳"时代被赋予更多使命的当下，寰泰也主动出击，为追随国家战略积极投身储能领域，成立寰泰储能，专注于"全钒液流电池储能"的自主研发、生产制造、销售服务等业务。

"从生产清洁能源到投身储能技术，这是寰泰开拓创新，实现自身高质量发展的需求，更是立足责任担当，与国家发展需要的同频共振。"南逸称，成立短短两年，公司在电堆开发、系统自动化、低成本高效率膜研发、电解液制备、高纯钒冶炼等创新领域具备了竞争优势，已成为世界钒液流电池领域技术领先、为数不多的全产业链头部企业。

对于未来，南逸也早已在心中绘出蓝图："将中国先进的钒电池储能技术推广到'一带一路'国家，让世界能够共享中国科技前沿领域的丰盛成果。"

"中国人民不仅希望自己过得好，也希望各国人民过得好。"习近平主席的大格局、大胸怀，深深影响着寰泰能源在"一带一路"发展进程中的前进步伐。肩负着中国企业的使命与担当，寰泰能源将继续深耕"一带一路"市场，扩大海外新能源、储能的市场份额，绘制更多"小而美"的工笔画项目，助力全球绿色低碳进程，为谱写"世界大同"新画卷贡献寰泰力量。

结语

年轻的南逸和朝气蓬勃的寰泰能源放眼全球，在逐梦"一带一路"之旅的过程中寻求与相关政府、股东、合作伙伴及客户建立紧密、友好和长期的互动关系，以实现共赢和共享。作为一家志存高远、实力雄厚的能源企业新生力量，寰泰能源用专业和努力为"一带一路"沿线国家带去了实实在在的机遇和红利，为当地经济社会发展注入了强劲动力。寰泰能源的故事是青年企业家扬帆远航的故事，是年轻企业用清洁能源谱写全球绿色赞歌的中国故事，更是"一带一路"铸就"美美与共"的大国情怀故事。

湖南博深实业集团有限公司

"走出去"就得"霸得蛮"

2017年夏天，在"一带一路"沿线国家的阿拉伯联合酋长国成员国阿治曼，热带沙漠气候让它显得炎热不堪。此时，当地一家中国民营企业的总经理罗峰不顾酷热的天气，赶到市政府办公厅大楼，汗流浃背，气喘吁吁，甚至还有几分焦急。他攥紧手里的账单，踌躇片刻后，大阔步地走进了办公厅。他明白这必然是一场艰难的谈判，成功与否决定着公司在阿治曼能否继续立稳脚跟。虽然来到这里之前，他已经接连碰壁两回，周围的人都劝他放弃："罗峰，别异想天开了，这简直是不可能做到的事情。"可是罗峰却有股子执拗的劲儿，为了企业在阿治曼发展，他觉得自己没有其他选择。没想到，就是在这次罗峰高超的谈判争取下，公司有了逆风翻盘的机遇……

霸蛮精神：风雅儒商的独特倔强

9年前，罗峰受湖南博深集团的托付，来到了阿拉伯联合酋长国成员国阿治曼，担任中国城的项目总经理，从此与阿治曼结下了不解之缘，开启了他

阿治曼中国城总览图

在阿治曼的事业生涯。九年的光阴里，罗峰遇到的挫折不计其数，解决的困难也数不胜数。但其中有一件事，在整个阿治曼可谓是"前无古人，后无来者"，公认性格儒雅的罗峰在这件事中展现出了他人格中独特的反差——在儒雅的另

一面，是湖南人专属的"霸蛮精神"。

　　阿拉伯联合酋长国属于热带沙漠气候，降雨量极少，因此污水排放系统比较落后。为了优化雨水排污管道建设，阿拉伯联合酋长国部分地区会对企业收取污水处理费。可罗峰收到污水费用清单后却傻了眼——对仓库这种几乎不需要使用水资源,也不存在污水排放问题的地方,政府不仅要收污水处理费,而且费用计算方式还极其随意。既不进行现场勘查,也不计算污水排放量,而是直接制订收费方案。

联想到刚刚在阿治曼起步没几年,公司的资金链本就紧张,过重的污水处理费对中国城来说是一项不容小觑的负担,罗峰顿感收费的不合理性,第一反应便是找到阿治曼自由区总经理,与对方进行沟通。然而,得到的回应却泼了罗峰大一盆冷水——关于污水处理费的事宜已得到王室的签字,具有法律效力,毫无商量余地。

斩钉截铁地拒绝并没挫伤罗峰的锐气。"形容我们湖南人有句话是这样说的:吃得苦、耐得烦、霸得蛮!"罗峰说道,"我们就要发挥湖南'霸蛮'精神,去推动解决这件事"。

第二次,罗峰做好事前准备,组织财务人员对污水排放事宜进行核算,用账单数据证实收费方式的不合理性,又辗转找到了负责外国投资者关系的部门和污水公司继续协商,结果收到对方这样的回应:"从来就没有企业跟我们商量污水收费问题,这是王室通过的方案,你们如果不缴费执行,我们就停你们的水!"

听到对方以如此蛮横的方式施压,罗峰顿时有些恼火。但冷静下来后,他明白这是因为两国思维方式和处事风格具有差异性,并不能用中国的思维去评判对方。而他在做的,正是打破鸿沟、史无前例的事情。于是,罗峰调整心态,抛开自己的怨恼,转而用诚意和包容填满内心。他坚信,只要足够努力,一定能建立起交流的桥梁。

最后,罗峰来到了市政府办公厅。在大门前,罗峰不可避免地感到紧张。毕竟前两次都碰了一鼻子灰,三顾茅庐最后的结果还是未知数。罗峰深深吸了口气,诚心诚意地敲开了门,也做好了再次被拒绝的心理准备。

在见到市政府办公厅主任的第一时间,罗峰就率先郑重地伸出了手。一个平常的握手礼,此时的罗峰却用了百分百的认真对待。见这架势,主任微微有些震慑,同时不由自主地重视起来。罗峰等人娓娓道来来意,提出了污水处理费金额不合理的想法。主任听了,没有急着驳回,却略带揶揄地反问道:"罗峰,你们怎么说明我们收取的污水处理费不合适呢?"

罗峰心里暗想,幸亏早有准备,于是拿出财务早就计算好的数据来给他们看,按照中国城实际的污水排放量计算的处理费,与阿治曼政府要收取的费用之间存在巨大的差额。罗峰一行人摆出数据的证据,并真挚地与对方交谈了一番。主任在交谈的过程中态度逐渐转变,感到罗峰说得有道理,但也表现出为难。毕竟,从没有人质疑过污水处理费的收缴问题。

罗峰看出了主任的疑虑,便亮出了自己的最后底牌:"实话跟您说,我们公司来阿治曼没几年,还没立稳脚跟,资金问题是我们的命脉。这几年我们中国城给本地带来的效益您也看到了,我们引进了大量的中资企业,吸引了投资,带动了就业,为阿治曼的国内生产总值(GDP)做出了贡献。中国城一直遵守阿治曼的规定,不该讨价还价的事情我们绝口不提,可是这份污水处理费确实给企业的运营造成了困难,它也的确存在不合理之处,我们实在不想因为这件事情,眼睁睁看着企业陷入危机,五年的努力付诸东流。我们也是真的相信政府,相信您会念在中国城与阿治曼多年的情谊,接纳我们的意见。请您相信,我们不是来打败你们的,而是来和你们共同合作发展的。恳请您给中国城一个机会。"

罗峰的诚恳成为推动事情解决的最后一马力。市政府办公厅主任终于接受了他们的意见。更令人喜出望外的是,办公厅主任同时也是阿治曼王子的秘书!罗峰的想法因此能传递到王室,从最顶层解决事情。一方面,主任立即联系了污水公司,劝导污水公司与罗峰好好沟通。另一方面,罗峰联系律师事务所,从法律的角度来对博深应承担的权利和义务,以及责任进行了界定。在事

2016 年阿治曼中国城新馆开业仪式

实和人情的双面夹击下，污水公司最终采用了项目组提出的收费方案。

阿治曼自由区总经理得知后，不由得惊讶地瞪大了双眼："我们所有企业都是按照污水公司的标准收费，从来没有过例外。罗峰你们太厉害了，是怎么做到的？"罗峰笑了笑说："当然是用霸蛮精神做到的！"此时是 2019 年，距离事情开始已过去了两年。两年的时光，谱写了罗峰的"霸蛮"故事。

九年磨一剑，经历了风风雨雨，如今的阿治曼中国城已成长为集投资、建设、运营于一体的全天候超大型中东中国商品批发采购交易中心，继续谱写着"一带一路"的辉煌故事。

和而不同：两大古老文明的惺惺相惜

2019 年，在罗峰的"霸蛮"策略下，中国城成功扫去了一大阴霾。时隔三年，2022年的中国城头顶着一片澄澈的天空，在夏夜绚烂的烟火中，张灯结彩灯如昼。绚丽的灯光、华美的戏服、咿咿呀呀的戏腔和锣鼓喧天的热闹映入观众眼帘，胡大姐、刘海哥、七仙女、唐明皇和杨贵妃等一众经典人物齐聚一堂，空气中飘荡着中国特有的浓浓古朝味儿。定睛一看，在清一色的明制汉服、宽袍大袖、织金马面裙等中国服饰中穿梭的是许多异域的面孔，不少国外友人饶有兴趣地观赏、试穿着华服。

原来，这是由湖南博深集团阿治曼中国城项目组举办的第一届国潮华服文化节。阿治曼中国城总经理罗峰看着眼前此番其乐融融的景象，不禁感慨万千。同为古老文明的传承，中华民族与阿拉伯民族是怎样的惺惺相惜、水乳交融啊！这一场文化盛宴，就像两位年迈的老兄弟，捋着髭须笑而论道，诉说着彼此往日的正道沧桑。

罗峰深知保持企业本色、体现个人特色的重要性，他带领团队以传播中

第一届国潮华服文化节

国文化为己任，在阿拉伯联合酋长国的工作和生活中将个人兴趣爱好与工作有机结合，充分发挥出自身多才多艺、积极主动的优秀品质，常常在阿拉伯联合酋长国组织筹办国潮文化节等活动，彰显出中国的文化自信和中国文化的软实力。

2022年9月28日，在中华人民共和国成立73周年、中阿建交38周年之际，博深集团阿治曼中国城以传统为魂、时尚为袍，为弘扬灿烂的中华服饰文化打造了一场古风国潮文化盛宴——"我的潮代"。

这一天，阿治曼中国城有精心打造的原创古风夜市，来客可以在迪拜鹊茶的果茶铺中品鉴新中式果茶，在阿拉伯联合酋长国旗袍协会的水墨亭中共聊文墨、切磋书艺，在阿拉伯联合酋长国华星艺术团的朝服社中体验各种精美华服，在小雅汉服茶艺社的茶坊中一起品茶论道，在帆声乐艺术工作室中品鉴高山流水，在中餐厅的膳食阁里品尝中式小点心……

逛完琳琅满目的国风市集，宾客们身着华服纷纷入座，随着悠悠古风音乐响起，观赏充满青春侠气的快闪舞蹈，倾听中国少年颂百年经典，京剧、说唱、变脸、吟诗、品茶和泼墨等节目令人目不暇接。在这次活动中，海外的中国同胞们感受到了前所未有的独特古风氛围，外国友人们也更加深入地了解了中国文化。

此次华服节迎来了空前盛况，中国驻迪拜总领事馆李旭航总领事发来祝贺视频，阿治曼酋长办公室主席谢赫·马吉德·努艾米殿下、阿治曼酋长办公室法律顾问阿巴斯·尼尔阁下、阿治曼自由区管理局局长伊斯玛仪阁下、项目规划总监穆萨哈巴·哈麦德·穆萨付瑞先生出席了本次活动，还有来自阿治曼法院、经济部、工商部、卫生部、消防局、警察总署工作人员和在阿治曼各商协会、中资企业、媒体代表及华服爱好者近500人参加了活动。孕育着千古风韵的中华经典之花不但没有在异国他乡遇冷，反而迎来了绝美的绽放，这是两大世界古老文明特有的默契，彰显着阿拉伯民族对中华民族的尊重、理解与喜爱。

阿拉伯文明与中华文明均为世界古老的文明，因此双方内心对彼此有种天然的敬佩和亲近性。在许多海外建设工作过程中，两国民众往往感受到难以调和的文化冲突。阿治曼中国城的情况却不一样，虽然文化差异必然存在，但这里不存在激烈的文化撞击，中国与阿拉伯双方文明相遇后，总是能够和而不同、和谐共处。

除了外输中国文化，博深集团也内化当地风俗，以达到两端的充分沟通和交融。阿治曼中国城中之所以只有温和的文化交锋，没有猛烈的文化冲突，首先是源于博深集团对当地文化极度充分的理解和尊重。在中国城里，存在多元的文化信仰，佛教徒、穆斯林、基督教徒等能够和睦相处，宗教话题也从不是禁忌，公司允许教徒们公开探讨宗教信仰问题。

更难能可贵的是，公司会用实际行动支持员工的宗教活动。周五是属于穆斯林的大礼拜时间，博深允许穆斯林在周五多休半天假；穆斯林的斋月期间，每晚的开斋对于教徒们来说是一个神圣的仪式，公司决定让穆斯林员工每天提前半小时下班，为回家开斋做准备。如此人性化的管理和人文关怀，在对阿拉伯联合酋长国投资的海外企业当中实属凤毛麟角，在开放包容的阿拉伯联合酋长国国家环境中，博深中国城真正塑造了"各美其美、美人之美、美美与共"的文化氛围。

在"一带一路"的棋盘上，两位长者的文化交融碰撞出灿烂夺目的火花，在人们心里留下久久不能弥散的感动。

深情厚谊：博深与阿治曼的友谊之桥

眼前阿治曼当地和中国城之间文化友好交流互动的局面，让中国城总经理罗峰倍感欣慰。他明白，这一切都建立在博深集团与阿治曼当地互信关系的基础之上。这样的互信关系，既源于文明之间的互通性，也是阿治曼中国城项目组成员的努力成果。

时光回溯到故事的起点。2013年，湖南博深集团董事长彭铁缆携带家眷赴迪拜旅行。繁华的美景没能让彭铁缆"渐欲迷人眼"，反倒是目睹了海外华人侨胞开设的中国城冷落萧条，即将面临关停的境遇，这令彭铁缆久久不能回神。同胞在海外投资的困境在心头萦绕，富有情怀的彭铁缆随即萌生了向阿拉伯联合酋长国投资以拯救中国城的想法。

在同时空的祖国，恰逢国家主席习近平提出建设"新丝绸之路经济带"和"21世纪海上丝绸之路"的合作倡议。心中装着祖国"一带一路"倡议的嘱托，又结合未来"走出去"的战略打算，博深集团当即安排法务、财务及投资部门成立专门小组，开展了项目研究和跟踪。经过长达一年的多方调研，突破了重重关卡，位于阿拉伯联合酋长国成员国阿治曼的中国城项目终于被博深集团成功收购。博深任命罗峰为项目总经理，带领团队一同出海。

完成收购，接下来项目组面临的是接连不断的重大挑战。这时的中国城留下的是一个"烂摊子"——中国城"门前冷落鞍马稀"，濒临失败，既无业务、又无人流；阿治曼当地政府对原经营管理者充满偏见，对新来的罗峰等人依然抱着不信任的态度。

隔阂生嫌隙，罗峰与阿治曼政府物理距离很近，心理距离却很远。阿治曼政府对罗峰等人的防范心理垒起了交流的重重阻碍，面对面的沟通比山对山的沟通还要困难，这让罗峰头疼不已。直到有一次，罗峰闲来与当地居民聊天，问到本地人对中国商人的印象，对方的回答让罗峰幡然醒悟："你们中国商人突然之间就来到我们国家买下一块地，我们不知道你们来干什么，只感觉你们又是来挣我们的钱。"

原来，问题出在"闭门造车"上！由于以往的管理者只管闷头干事，忽视了融入当地环境和对外沟通宣传的重要性，加之没有做出实质性的成绩，这让

"走出去" 就得 "霸得蛮"

阿治曼的政府相关部门和民众产生了焦虑和怀疑。意识到根本原因的罗峰，立刻调整战略，致力改变以往中国商人留给阿治曼的不擅长与外界沟通的形象，破解自我的黑箱，用有效沟通取代以往的对抗。

项目组内部迅速组建了公关法务部，通过此部门积极主动地进行对外形象公关，主动出击，向政府部门阐述博深的想法和业务。同时，罗峰深知仅有宣传没有实干，也将无益中国城在当地的立足。因此，罗峰努力拓展中国城业务来吸引外来投资者，并主动引进更多的中国投资者，让阿治曼政府和民众看到中国城所带来的正面效益。

经过罗峰和团队多年的不懈努力，目前，阿治曼中国城入驻企业近2200

阿治曼中国城五周年客户答谢会

家。其中，中资企业 1700 余家，从业人员过万，日均客流量 4 万余人，当年上缴当地政府各类税费总额 1.85 亿美元，创造当地就业机会近 1.1 万人。博深用实打实的成绩让当地对中国商人的印象得到了改观。如今，阿治曼当地政府对中国城从不闻不问到重点关注，从无法理解到尽力支持，与罗峰等人建立起了稳健的友好合作互助关系。

宏观层面的关系改善也影响到了中国城内部的氛围。在阿治曼当地与博深集团友好互信的大环境下，中国城内部的中外籍员工亲如一家，培养了深厚的友谊。

来自国内的员工刘子豪家庭条件优渥，初来阿治曼好奇又担心，艰苦的生活环境让他郁闷至极。他有些难以适应角色的转变，常常显得与环境格格不入。那时的刘子豪总是独来独往，由于英语不好，连交流都不便，他干脆作茧自缚，把自己封闭起来。外籍员工 Amir 与刘子豪在同一部门，他细心地观察到了刘子豪的不适，于是主动与刘子豪亲近。

有一天，Amir 端着下午茶走到了闷闷不乐的刘子豪面前，将点心递给他："刘子豪，你为什么不开心？"刘子豪十分惊讶，Amir 的中文标准又流畅。看着 Amir 善意的笑容，刘子豪有些不好意思，但还是诚实地倾诉了自己的心事："我英文不好，在这里很难与你们当地人交流，没交到什么朋友，我很想家。"Amir 听了，拍拍刘子豪的肩膀："你不是可以和我交流吗？我会中文，以后有什么事情都可以和我说！"

从此以后，Amir 与朋友们聚餐聚会总是叫上刘子豪，带刘子豪融入自己的朋友圈，帮助他结交本地好友，并热心地教他英文。在 Amir 的帮助下，原本不擅长英语的刘子豪逐渐能说流利的英语，甚至在公司内部的英语大赛上获得了第五名的好成绩，同时也适应了新环境。曾经的愁苦在他脸上烟消云散，取而代之的是明媚的笑容。

"我愿意留下来，因为公司的人际关系氛围非常好，现在即使在异乡也不会感到孤独，我能深深感到我们中国城成员的团结和凝聚力，在这里我有非常强的归属感。"刘子豪说道。博深与阿治曼的友谊之桥连通每一个角落，让中国与阿治曼彼此心意相通，共谱"一带一路"的靓丽篇章。

春风化雨：辛勤园丁的悉心栽培

直至今日，罗峰还会感慨，在异国他乡，一个值得信赖的团队给了他多么大的信念。这个团队就像一个苗圃，园里的每一棵小苗都在罗峰这个园丁的殷切关照下长成了参天大树，并将树根深深扎在了博深的土壤中。许多"好苗子"都在罗峰的悉心引导下，挖掘出自身的闪光点，在博深发挥着最大价值。

现公关法务部负责人杨东龙初来乍到时只是一名小小的专员，却因一口流利的纯正阿语引起了罗峰的注意。眼前这个小伙子玉树临风，与人交往落落大方，专业能力强，是一块璞玉，倘若精心雕琢，更可挖掘出除语言之外的天赋和才能。

于是，罗峰鼓励他担任即将开始的国庆晚会活动的主持人。这可让初出茅庐又天性内向的杨东龙犯了难："罗总，我就是个学阿语的，顶多干干翻译的事儿，哪能主持得了这么大型的活动呢？"

罗峰意味深长地说道："年轻人不要轻易界定自己的上限在哪里，要多去探索和挑战。让你担任这次主持人，当然会比完成日常工作更辛苦、压力更大，但如果你做成了，就会有很大的提升，日后的工作领域也会得到拓展，我相信你有这个潜质。"

在罗峰的驱策下，杨东龙开启了自己更广阔的事业生涯：从晚会主持到出席各类大型商务活动，再到法务公关部发言人，杨东龙在这些活动中提高了综合素质，锻炼了临场反应能力，成为伴随罗峰左右的得力干将。

罗峰在见证杨东龙的成长后又趁热打铁，鼓励他要多钻研法务知识。"你现在有专业的阿语水平，也比以前更外向，更能掌控各种局面。但是你的思维还不够缜密，处理问题的方式还太单一。公司需要处理法务事务的人才，我看你是最适合不过的。你要不要试试，再次突破自我？"

这一次，杨东龙没再为难，而是主动地接受了罗峰的鞭策。内化于心，外化于行，他积极学习法务知识，处理有关法务问题，能力得到了极大提升，仅用五年就升到了部门高管的位置。"我很感激罗总给我们提供了真正公平广阔的平台，让员工可以不受限制地表现自己，是罗总激发了我自己不曾发觉的那一面。"杨东龙如是说道。

随着博深阿治曼中国城的声名鹊起，中国驻阿拉伯联合酋长国大使前去考察，提出在阿拉伯联合酋长国当地要尽量实现人力资源的国际化和本地化。罗

2023年5月，中国驻阿拉伯联合酋长国大使张益明调研阿治曼中国城

峰将大使的话铭记于心，琢磨着如何选拔培训外籍员工。由于两国教育环境和政策的差异性，与中国员工相比，当地外籍员工的知识底蕴较为薄弱，思维方式也更简单直接。

为了让更多的外籍员工与公司团结在一起，罗峰总结出一条经验——用中国人的温情和人情感化他们，团建就是一个绝妙的切入点。不过，团建在企业里司空见惯，如何才能将活动办得有声有色，真正达到增强员工之间的团结和感情的效果呢？距离阿治曼80千米的海岸线边，有一座名为阿尔卡麦小湾的村庄，这里的欢声笑语伴随着阵阵海风吹来了答案。

在别致浪漫的景色中，团建挑战赛如同阿拉伯联合酋长国炙热的太阳在沙滩上激烈展开，同事们都有自己"心仪"的队伍，ABC小组就地诞生，开启十指同心挑战赛。三人成行，将水晶球放在平板上，选手用食指托住平板，将球运送至终点，胜利的队伍将为下一个游戏赢得更多机会。这项挑战考验的是小组成员之间的配合，三角形的稳定性缺一不可，只有同心协力配合，才能取得胜利。

团建结束后，罗峰掏出大红包，抛向几十人的海滩。手里举着大红包、怀里揣着"战利品"，皓月当空、繁星点点，外籍员工Amir与中国的好兄弟刘子豪勾着肩、搭着背，开心地说道："在这里体会到了去任何公司都体会不到的快乐！"每次团建，公司都会设计需要团结合作的小游戏，外籍员工在欢乐的配合中逐渐融入博深这个大集体，与中国员工和领导增进了友谊，建立起了信任。

让员工自由而全面地发展，罗峰在这方面躬耕不辍。从宏观上制订企业规则，力求做到人性化管理；从微观上以身作则，亲自关爱员工，栽培人才。中国城从无人问津的荒漠逐渐成为一座茂密的绿洲，罗峰就是那个栽树人。

结语

博深的阿治曼中国城让我们看到,"一带一路"上不仅只有商业贸易往来与合作,还有友谊、文化和温情。博深将把阿治曼中国城的精神和经验继续扩散在"一带一路"沿线的其他国家。2016年后,博深形成了依托阿治曼中国城境外合作区建设海外仓的思路,此后成立了湖南博深供应链公司,足迹遍布在西亚、北非、欧洲等地区,未来将向着全球进发。恪守"稳进、补短、强基、图强不图大"的发展总基调,博深集团如其名,力争成为一家胸怀博大、专业精深的"一带一路"中国明星民营企业。

蓝帆医疗股份有限公司

扬起驶向远方的健康之帆

2017年，从国企走出来创业已有15年的刘文静又站在了新的历史节点上，"一带一路"倡议驱动着这个志存高远的山东姑娘，从科技含量低的医疗手套产业向全球心内科医疗器械顶端进军。

2017年7月24日，刘文静在中信产业基金会议室忐忑不安地等待产业基金投委会的结果，他们将从上会的两家上市公司中选择一家，最终是不是蓝帆医疗胜出，她心里没有底。中午11点50分，会议室走出来一位基金会的管理高层，看着紧张的刘文静，他轻松地比了一个"OK"的手势。霎时间，沉闷的氛围松动了，现场的同事都激动得几乎欢呼起来。就这样，历经五个月的数轮竞标流程、双向尽调、交易谈判后，山东民营企业蓝帆医疗从A股二三十家上市公司中脱颖而出，获得了全球心脏支架及介入性心脏手术相关器械鳌头企业——新加坡柏盛国际的收购机会，这是改写公司历史和命运的重大机遇，新的使命从此开启，刘文静一刻也不能停歇……

被蓝帆医疗并购的新加坡柏盛国际是全球第四大心脏支架制造商

舌战群儒：打破"主观偏见"，完胜"窗口期"

位于山东淄博的民营企业蓝帆医疗并购全球心脏支架领域的龙头公司柏盛国际，不得不说是一场惊险挑战。在成功争取到这个宝贵的战略机会之后，刘文静及团队会同各方精密设计"两步走"的交易结构。第一步蓝帆集团收购柏盛国际30.98%的股权，第二步蓝帆医疗收购柏盛国际93.37%的股权。意想不到的是，这两步的完成过程都异常艰难。

摆在刘文静和蓝帆医疗面前的首要任务就是要在规定时间内完成各种手续的审批。经过柏盛国际的尽调及与中信的交易谈判，2017年7月24日上市公司停牌，确定项目正式落地，开启交易的第一步。根据《中华人民共和国证券法》的交易规则，上市公司筹划重大资产重组连续停牌时间不得超过6个月，否则交易就自动失效。10月的最后一天为评估基准日，在此之前要将款项交付到境外的所有股东，而资金换汇以对外投资的方式支付出去，需要先经过商务部、国家发展和改革委员会、外汇管理局等部门审批对外投资手续，按倒推出来的时间节点，最终该项目必须在 2017 年 9 月 29 日之前获得国家相关部委的审批手续。

2017 年 8 月，国家发展和改革委员会、商务部、中国人民银行和外交部发布《关于进一步引导和规范境外投资方向指导意见》之后，全面收紧了对外投资的手续办理，让这个项目的审批变得非常艰辛。幸运的是，蓝帆的跨国并购是产业升级项目，是国家"一带一路"倡议背景下新旧动能转换的产业标杆，因此经过国家相关部委研判后，给予了绿色审批通道。

为了抓住公司转型升级的重大机遇，刘文静没有喘息的时间，她马不停蹄地奔赴各个审批现场。回忆起来，首先要破除各个环节出现的种种主观偏见，刘文静说："一个山东淄博的公司，去收购一家跨国公司，能驾驭吗？""一个手套公司，如何驾驭一家高科技含量的心脏支架企业？""有这么大的资金和实力吗？"面对犹如潮水般的偏见，刘文静不厌其烦地解释公司的战略和理念、使命与梦想，还有蓝帆卓越的国际化能力与制造基因优势，动之以情，晓之以理。在经过了一轮又一轮的沟通后，逐渐打消了对方的"主观偏见"，审批程序才跌跌撞撞地向前推进。

到了交易第一步的关键环节，也就是商务部审批阶段，客观的难题又出现了。蓝帆的跨国医疗器械并购手续非常复杂，需要的条件繁多，以至于商务部的主管部门在线系统都没有处理的先例。刘文静和她的团队紧锣密鼓地商讨解决方法，给出了最终的方案——说服商务部改用纸质审批程序。在刘文静等人的努力下，商务部破天荒地走了纸质审批程序，才让这个项目顺利通过。

2017 年 9 月 29 日，在取得山东省商务厅颁发的《境外投资证书》后，蓝帆投资于 10 月 25 日换汇出境支付交易对价，正式成为柏盛国际第一大股东。10 月 31 日，也就是项目计划时间表最后的截止日期，蓝帆投资一天不差地顺利完成评估基准，直至 2018 年 1 月 8 日蓝帆医疗召开股东大会股票复牌。至此，蓝帆在不超过 6 个月的时间窗口内完成了挑战，刘文静和团队想起来这个过程至今仍然心潮澎湃。

走完交易第一步的万里长征，交易第二步的难题又摆在刘文静团队的面前。2018 年 3 月 28 日，蓝帆医疗通过了中国证监会的发审会审核，5 月 10 日获得证监会批文，接下来的主要任务就是发行 19 亿定增。然而，发行还没开始，团队便遭遇了金融去杠杆的外部形势冲击。2018 年 4 月底，中国人民银行、中国银保监会、中国证监会、国家外汇管理局联合出台《关于规范金融机构资产管理业务的指导意见》，资本市场瞬间冰封，银行、信托等以往资金流向股票定增市场的通道几近被切断，市场资金急剧减少。随后三个月，定增市场断崖式下滑，7 月非国企类一年期定增创造上半年募集金额最低，3 个项目合计募集资金仅 11.17 亿元人民币，单一项目募集完成率不足 30%。8 月现金定增更是只有两单，另一单长电科技大股东、三股东认购比例高达 86%，机构投资仅认购 5 亿元人民币。在这种情况下，团队有人提出等待下半年的机遇，刘文静却坚决拒绝了这个提议："公司经营市场，变化一日千里，如果交易始终无法交割关闭，公司的法人治理结构无法调整，战略规划、经营计划就难以落地实施，资本的规划一定要能服务公司战略和经营发展大局，必须全力以赴按计划时间推进。"因此，从拿到批文之日起开始，刘文静便带领着团队风风火火地开展路演，最忙的时候她和团队一天要路演十场，最后合计对接机构近 600 家。

在团队共同的努力下，19 亿定增也于 8 月底超预期完成，这一单是当月 A 股市场唯一由非大股东现金认购的定增，也是当年 5 月以后为数不多的全部发满且溢价发行的定增。2018 年 9 月 10 日定增股份上市，10 月 8 日换汇出境，顺利支付给 16 名交易对手。

至此，蓝帆医疗以发行股份和支付现金的方式收购柏盛国际 93.37% 股份，交易金额 58.95 亿元人民币，正式完成了庞大而又复杂的跨国医疗器械并购案，这一举动得到了资本市场的高度评价，成为新旧动能转换和"一带一路"倡议的标杆案例。令人意外的是，完成如此宏大的历史性跨越，实现在中国乃至全球较为罕见的跨国并购，竟然出自山东淄博一家名不见经传的民营企业，这一切又是怎样做到的呢？

2018 年，蓝帆医疗并购柏盛国际完成暨新增股份上市仪式

立居鳌头：一家山东民营企业的"一带一路"情怀

蓝帆医疗收购柏盛国际这件事情，还需从"一带一路"倡议说起。

2013年是蓝帆医疗面向未来开启第二个10年的启动之年，在这个时间节点上，国家提出了"一带一路"倡议，蓝帆医疗根据环境拟订面向未来10年、20年的发展战略与规划。

彼时的蓝帆医疗已经在医用PVC手套行业成为领军企业，全球市场占有率22%，是名副其实的行业隐形冠军，但医疗手套是医疗低值耗材，行业科技属性低，并且当时还严重依赖出口。"我始终认为手套是一个好产品，但只做手套，发展不成伟大的企业。"刘文静认为，如果不进行转型，那么蓝帆医疗很难有跨越式发展，在她的理念里，只有高科技含量的产业，才能拥有广阔的创新空间，才能吸引并容纳一流人才，用更高的附加值投入创新研发。

经过审慎研究，蓝帆医疗拟订了从低值耗材向高值耗材战略升级的发展规划。刘文静深知，从医疗手套直接往更高、更精、更专的研究平台转型是艰巨的，于是根据蓝帆医疗的实际情况启动了转型升级的道路，制定了"A+X"战略：A，即由全球PVC手套大王拓展成为中国健康防护领军企业；X，即通过并购X领域的高端医疗器械产业，实现转型升级。

通过考量与筛选，蓝帆医疗将目光锁定在了新加坡柏盛国际。柏盛国际是世界第四大心脏支架制造商，总部位于新加坡，曾是新加坡上市公司，在全球100多个国家和地区开展心脏支架和相关介入器械的研发、生产和销售业务，是一家当之无愧的全球化公司。作为一家山东的民营企业，想要并购这样的国际大公司需要巨大的勇气，而这份勇气正是来自"一带一路"倡议。

柏盛国际覆盖全球100多个国家和地区，尤其和"一带一路"沿线的30余个国家开展业务，而且将中东欧和东南亚等增速及潜力巨大的沿线市场作为未来发展的战略重点，积极推进产品注册和业务布局。刘文静如此评价"一带一路"倡议与蓝帆医疗收购柏盛之间的关系："这个资产与业务平台是'一带一路'倡议重要布局中的新加坡，对我们来说，是跳一跳够得着的，并且顺势把新加坡作为蓝帆医疗国际化的重要海外总部，由新加坡来统筹美国、欧洲，以及全球的资产与业务发展。"

作为转型升级的第一步，蓝帆必须先搭建一个高端医疗器械产业平台，在这个平台基础上再进行自主研发，而收购一家位于新加坡的跨国公司，无论是文化还是战略，蓝帆医疗都有胆略和魄力去实现整合。

蓝帆医疗积极融入"一带一路"高质量发展格局，在"一带一路"国家进行由深至浅的海外布局，这是刘文静经过深思熟虑的国际化战略结果。收购新加坡柏盛国际是为了实现蓝帆医疗转型升级，柏盛国际既有国际化平台，又有科技创新力量，嫁接了创新的力量和国际化的力量，它作为蓝帆医疗的海外总部能支撑国际化战略。柏盛国际是公司未来创新驱动高质量发展最重要的平台，心脑血管业务也是蓝帆医疗未来 10 年致力于做大做强的核心主营业务。通过并购，蓝帆医疗成功实现了"创新优势 + 国际化"，实现了公司在"一带一路"中的完整布局。

蓝帆医疗把柏盛国际平台定位为公司海外科创和商业总部，并充分依托这个平台和"一带一路"倡议的机遇，实现"以全球资源面对全球"，助力蓝帆医疗成功蜕变成一家以中国为核心、面向全球的跨国医疗器械平台企业。用刘文静的话来说，这是战略强度由浅到深，分成好几个层级的战略链接，最经典的案例当属蓝帆医疗对瑞士 NVT 的收购。2017 年 NVT 的心脏瓣膜产品经过 10 年创新研发获得 CE 批准上市，是当时国际市场上第五家获得 CE 批准上市的心脏瓣膜企业。刘文静请瑞士总部同事去与 NVT 洽谈，问他们是否有意愿出售给蓝帆医疗，以便蓝帆医疗树立起"冠脉 + 瓣膜"的全球领先优势。当时 NVT 创始股东的战略思路是依托自身来实现商业化经营，并无出售意愿，刘文静只能退而求其次，安排柏盛国际欧洲团队向 NVT 争取了十几个国家的产品代理权,先开始业务合作。

一年以后,刘文静和执行委员会(EC)成员正在韩国首尔召开季度执委会,瑞士 NVT 主动联系她:"经过一年多的商业化经营,我们发现自己虽然在研发方面有优势,但在市场和临床方面没有优势。柏盛国际的商业化能力很强,你们是否还有收购我们的意向?"刘文静果断飞往瑞士和德国启动考察谈判,安排尽职调查,并于同年 8 月 2 日召开董事会审议该收购项目。

说到这个项目,刘文静后来回忆起来依然感慨万分:"正是因为有了柏盛国际这个海外平台,才能让交易如此顺利。"按照市场规律,收购过程需要双向对公司情况进行谨慎性调查。NVT 总部虽在瑞士,但生产研发制造基地都在德国,对方不仅要尽调蓝帆与柏盛,同时还要经过德国联邦经济和能源部(BMWi)的审批才能出售技术。不同于国内,面对 NVT、德国政府的审核,刘文静和团队能做的不多。所幸,在中国证监会发审会审核前,蓝帆获得了德国联邦经济和能源部的审批。刘文静回忆,如果没有柏盛国际这个跨国平台,这几乎是不可能实现的。

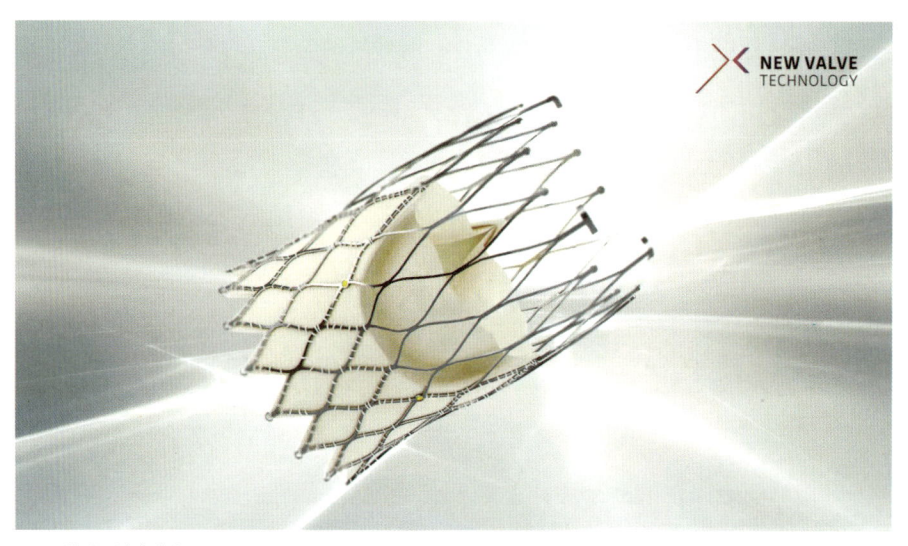

NVT 的心脏瓣膜产品 Allegra

"一带一路"倡议的意义还不止于此。在全球市场上,柏盛国际市场排名第四位,仅次于美国的三大巨头:雅培、波科、美敦力。在"一带一路"沿线很多国家,蓝帆柏盛的市场占有率绝对领先,在部分国家能超过30%,柏盛国际的品牌美誉度、科技实力均非常有影响力。因此,自蓝帆医疗收购柏盛以来,尤其在2018年特朗普推出制造业回流后,不少国家和地区开始主动与柏盛国际接触,希望柏盛国际能够以技术出资,帮助提升本国心脏支架产能。

在近年百年不遇大变局进一步演变的大背景下,向蓝帆医疗伸出这样橄榄枝的国家和地区更多了。许多"一带一路"沿线国家都在联系蓝帆医疗:"柏盛国际能不能把心脏移植介入的产品技术给我们?你到我们国家来投资,你不用出钱,只出技术就好了。"它们迫切地需要蓝帆医疗技术赋能,解决"卡脖子"的技术问题,以完善本国医疗产品。由此可见,刘文静顺应"一带一路"的布局是正确的、可持续发展的。蓝帆医疗积极响应"一带一路"倡议,充分发挥蓝帆柏盛的技术、品牌和国际化优势,代表中国医疗科技的力量,助力"一带一路"国家医疗健康事业,传播好中国企业、中国品牌的声音。

另外,蓝帆医疗自身也充分利用柏盛国际这个跨国平台,实现自身国际化布局和全球产业链的优化和重构:一方面,在德国除进一步扩充心脏瓣膜的生产研发平台之外,依托柏盛国际,把新加坡发展成为心脏瓣膜的海外第二生产研发基地,以形成"德国+新加坡"双制造基地的格局;另一方面,把原来唯一德国供应商提供的输送系统,在新加坡柏盛实现自主制造,以解决"卡脖子"的供应链问题;在突破"卡脖子"的供应链方面,下一个目标是实现BA9药物在柏盛国际的自产化。BA9是全球独家专利药物,目前依赖美国、日本两家上游制药厂,为防止未来出现"卡脖子"的不确定性,蓝帆计划依托新加坡柏盛国际的科创平台实现自产化。

蓝帆医疗在"一带一路"沿线国家的产业布局是兵分两路、并行推进的,一方面,依托柏盛国际这个医疗科技平台、国际化团队、品牌优势,链接欧洲、日本等全球的人才、技术、战略资源与商业产业布局，持续纵深推进；另一方面，在蓝帆医疗的低值耗材版块，医用手套产业也在围绕"一带一路"沿线国家进行布局。欧美发达国家是健康防护手套产品的主要市场，而主要产能分布在中国、马来西亚、泰国等几个国家。中美贸易战以来，美国针对中国出口的手套产品提高关税，对中国医用手套企业形成了很大挑战。鉴于未来较长一段时期中美关系的走向，公司决策在"一带一路"沿线国家布局部分产能，以有效应对中美关系带来的风险。2020 年，在疫情持续蔓延的形势下，公司克服困难，在越南实现了 8 亿只医用 PVC 手套产能的布局，并于 2021 年 1 月份顺利投产，目前正在积极推进。

未来，蓝帆医疗将持续重点推进中东欧和东南亚等"一带一路"沿线市场的产品注册和业务布局，积极推进国际化进程，专注打造一家受人尊敬的世界级医疗企业。

"商界木兰"：山东姑娘的不平凡创业之路

2023 年，刘文静再度入选"30 位年度影响力商界木兰"，这已经是她第五次入选商界木兰。1993 年大学毕业，刘文静被分配到了齐鲁增塑剂公司，这是一家传统的国企，她不适应循规蹈矩的工作，总想着有一天要实现更高的人生价值。休产假期间，刘文静就想下海"经商"，然而这个想法不出意外地被家人否决了。之后，刘文静发现单位附近有一条水草肥美的河，于是，就想说服公司投资开个奶牛场，提供鲜奶给市区的居民。同样的，这个想法被公司否决了。

即使不被理解，不安分的想法依然在刘文静心里跳动。2002 年年底，刘文静终于迎来了一个千载难逢的机会。虽然，当时她工作的国企无法改制，但可以创办一家民营企业，实现创业的想法。国企一直被视为铁饭碗，当时并没有多少人有勇气承担相应的风险，喜欢挑战的刘文静却不是这样想的："我不喜欢一成不变的工作。一件事情当我懂了，就觉得没什么意思了，我一定要再去探索未知，去开辟新未来。"刘文静毫不犹豫地抓住摆在面前的机会，与另外两位同事一起，拿着员工们筹集的 700 万资金开启了创业历程。

当时面临的第一步就是行业的选择。齐鲁增塑剂公司属于石油化工行业，在 1999—2002 年，刘文静负责项目调研、对外投资，当时项目考察的思路主要聚焦企业下游延伸，医用手套、输液器、注射器等医疗用材属于下游制品。医疗器械属于医疗行业，医疗行业涉及每个人的生老病死，是绝对的朝阳产业。上游原材料往下游延伸做医用制品具有产业链优势，刘文静等人经过可行性研究论证，报给董事会审批，最终选择了从事医用手套产业，蓝帆医疗就这样启动了。

刘文静和初创团队一起买地、建厂，对公司的未来充满了期待。刚创办第一年的企业几乎很难从银行融资，公司又属于制造型企业，当时 VC、PE 还没像现在这么盛行，缺乏金融专业知识的刘文静和团队也还没有吸引风险投资的理念。公司依靠注册资本金在运营，建厂生产之后，资金已经剩余不多。订单在哪里？市场在哪里？当时国内"非典"刚结束，医疗的刚需消退了，而国内市场消费理念、消费习惯还没有培养起来，也没有建立渠道，只有零星的沙粒状的需求。在这种情况下，刘文静和团队重新定位了市场目标，由专注国内市场转为开拓国际市场。

刘文静身上背负的不只是经营的压力，更是全体股东、干部、员工的信任和托付，那时她才刚 30 岁出头，承受的压力和内心的煎熬几乎要压垮她。刘文静说："我们作为创业者，不能把命运寄托于外部，要有奋斗开拓的决心和勇气。因此，我单枪匹马地开始了地毯式的出国考察，开拓国际市场。"她翻阅英语字典写邮件、发传真，海量的邮件发出去，都石沉大海没有回应。她没有气馁，继续在公司查资料、打电话、发传真，每天晚上忙到深夜才拖着疲惫的身体回家，凌晨醒来第一件事就是查看电脑的电子信箱。

终于在一天晚上，刘文静收到了海外的第一封回复邮件，长期以来压抑的情绪崩溃了，她不禁簌簌地流下眼泪："在地球的那端，有个外国人给我回邮件了，他知道我们蓝帆了！"她发现邮件沟通一来一回还是太慢了，时间不等人，就决定："出国！出国直接谈！"为了省钱，刘文静在国外城市之间穿行时尽量坐红眼航班，这样飞过去就是当地的白天，可以不住酒店直接跟客人洽谈。刘文静就这样一个人拖着沉重的行李箱，拿着样品资料出国了。在国外开拓市场的历程不堪回首，曾遭遇过冷眼，她也曾暗自流泪，甚至还遇到不法分子的袭扰……但是刘文静凭借自己的强大意志力，使蓝帆医疗的医用手套在国外打开了市场。

由于蓝帆医疗是初创公司，而且位于中国山东的一个地级市，在海外市场拓展中面临着许多难题。

刘文静至今记得第一次去迪拜参展时，一位当地的客户坚持认为蓝帆医疗是经销商，不是制造商，刘文静反复向他解释，对方不仅不愿意相信，反而傲慢地说："Chinese can't do honest business."（中国人不做诚信的生意）。听了这话，刘文静"噌"地就站了起来，山东姑娘的倔强马上爆发了，她字正腔圆地回应对方："蓝帆是工厂，相不相信是你的事情，honest 是蓝帆的名誉，也是蓝帆最重要的品格。我们不和不懂尊重的人做生意，请你离开！"这一席话让刚才傲慢的客户当场脸绿了，只好悻悻而去。令人意外的是，到了第三天，那位傲慢的客户在蓝帆医疗展台的不远处坐着，大概是调查后知道蓝帆医疗确实是个工厂，想要和蓝帆医疗合作但又不好意思。刘文静看到他后，走过去主动道歉。不打不成交，后来这个曾经质疑蓝帆的人成了公司的大客户，也成了最好的朋友。刘文静认为，国家形象的建构和中华文明的输出，不只是依靠企业的项目，也有赖彼此之间的真诚沟通。

谈起创业经历的千辛万苦，刘文静现在已经是坦荡从容，她说创业必然会

扬起驶向远方的健康之帆

经历困难与挑战，也会有至暗时刻，"企业发展不可能永远一帆风顺，创业不仅要有铁的身体和钢的意志，更要有百折不挠、坚韧不拔的信念。只要能够坚持下去，就会赢得机会，一息尚存就奋斗到底！"这样的坚韧精神代表着蓝帆医疗的底色，蓝帆医疗从无到有，成立不到 7 年，公司就于 2010 年在深交所挂牌上市，发展为医用 PVC 手套领域第一家上市公司。刘文静靠的是敢打硬仗和不服输的劲，带领蓝帆医疗不断走向新境界，"商界木兰"这个称号实至名归。

蓝帆医疗位于淄博的总部

静水流深：贵在坚持的持续突破

在刘文静的坚守与努力下，蓝帆医疗持续进阶。"苟日新，日日新，又日新"，唯有创新才是企业发展的恒久动力。刘文静深知管理者的认知也需要持续的变革和迭代升级，而改变思维和打开格局，必然需要坚持学习精进。

创业初期，团队中没有擅长英语的人才，考虑到节省人力成本，刘文静首先攻克了英文交流的难关。那时，刘文静已经大学毕业10年，工作中几乎没用过英文，起初与客户商谈时，说英文磕磕巴巴。在极端压力下，她的小宇宙迅速爆发，有关手套产业的交流渐渐基本都能讲明白了，很快就能跟客户讲清楚业务。

为了让客户信任蓝帆医疗的能力，刘文静还邀请客户前来蓝帆医疗考察，陆续有一些客户来参观和调研公司位于山东淄博的工厂。在这种情况下，蓝帆医疗从2003年9月开拓国际市场到当年年底，实现了96万美元的出口额。之后的三年，出口额分别为1500万美元、3000万美元和4500万美元。

2007年，创业第四年的蓝帆医疗启动上市，中介机构的几个问题就把刘文静问住了："请问所在行业的商业竞争格局情况，蓝帆医疗的核心竞争能力是什么？比较优势是什么？商业模式是什么？盈利模式是什么？"虽然经过三年的努力，刘文静打开了国际市场，但对一个刚创业不久的领导者来说，这几个问题未免有些难度。刘文静意识到，作为公司的管理者，她的认知就是公司最大的短板。为了公司的发展，36岁的刘文静决定报考长江商学院攻读EMBA，很快由一个小白转变为长江10期的"学霸"。每次上课，刘文静都坐在教室的第一排，如饥似渴地学习理论知识，再利用学到的理论抽丝剥茧般地重构公司。2009年10月25日长江EMBA毕业典礼刚过，11月21日中国证监会发审会召开，刘文静凭借学到的商业知识，带领蓝帆医疗顺利通过了发审会的审核，创业不到7年就闯过了首次公开募股（IPO）大关。

2013 年，蓝帆医疗响应"一带一路"倡议号召，启动了转型升级，积极"走出去"实施跨国并购。并购离不开资本运作，当时为了对资本市场有基本了解，刘文静选择阅读《对冲基金风云录》，却在阅读过程中发现这本书已不能算是资本市场的入门级读物了，她再次深刻感受到了自己的局限。

"这是不行的，我不要求自己成为金融专家，但我至少要懂，要能和资本领域的合作伙伴进行交流。"于是，在刘文静得知清华大学五道口金融学院是我国专门培养金融高层管理人才的优秀学府后，再次学习准备考试，2014 年成功入读了清华大学五道口金融学院，开始攻读金融 EMBA。对于刘文静而言，金融知识丝毫没有乏味无趣感，反而这些知识时常让她"三月不知肉味"，上课后她经常能整理出几十页的课堂笔记，完全没有金融功底的她再次成为三期班的"学霸"。这些金融知识也内化成了刘文静的武器，帮助她操盘复杂的跨国医疗器械收购案。

刘文静的学习是持续不断的，在蓝帆医疗顺利转型成为国际化企业后，2020 年，站在新的历史拐点上，如何管理全球 70 多家公司的跨国医疗科技平台企业，成为刘文静思考的新问题。恰逢长江 DBA 为应对"百年不遇大变局"启动培养中国企业家学者项目，该项目旨在培养一批有人文精神、家国情怀、世界担当的世界级企业领袖，为中国大国和平崛起贡献中国企业的解决方案。长江 DBA 项目组向刘文静发出了邀请，这也正好是刘文静所思所想所需要的，经过面试后刘文静被成功录取。

在课堂上，刘文静不再是统领企业的"商业木兰"，而是一个好学不倦的学生。她认真写好每一份作业，体系化地分析蓝帆医疗，提出国际化需要注重属地化。"事业在哪里，平台就设在哪里，机制就设在哪里，通过成就人才来实现企业发展。"蓝帆医疗的经营理念认为，创新的根本在于人才，人才的培养需要切实的机制来推动，以实现让理念融入企业的战略、经营的方方面面。蓝帆医疗不是派中国人去各个国家管理和运营当地业务，而是直接在本国选择本土的精英人才运营。

"商业的背后是文化,是不同国家的习俗,是医疗生态,真正融入当地的方式是让当地人经营,真正的国际化是本土化。"平台跟着事业走,这样才能让人才很好地平衡工作与生活,人只有发自内心地感到幸福,才有更大的能量实现价值创造,心无旁骛地谋求发展。为了让员工有实现自我的成就感,蓝帆医疗创立了多层次事业合伙人机制,各层级的员工能通过业务与业绩来实现个人回报,同时公司的事业合伙人机制还包括股权激励、参与投资,让所有核心人员都能够通过事业平台实现自我价值,从而推动公司的事业发展。

在这样的实践与理念的持续迭代中,刘文静和她所在的团队在商业向善方面的理念与作为、担当也受到了越来越多的社会认可,长江商学院聘请刘文静回学校,担任长江商学院EMBA37班的商业向善导师。刘文静由个人努力,到带领蓝帆医疗更多人一起努力,再到通过理念赋能更多组织一起努力,在为社会创造价值的道路上,乐此不疲地前进着。

并购柏盛国际后,蓝帆医疗进入了创新驱动高质量发展阶段,研发投入也开始大幅增加,从2017年的0.5亿元人民币增长到2022年的近4亿元人民币。截至2023年,蓝帆医疗在全球主要区域建立研发和临床注册平台,拥有专利600余项,搭建了全球24小时双向联动的研发机制,实现了研发能力的本土化和国际化。蓝帆医疗不再只是依赖国外的研发能力和技术优势,而是实现了海内外研发成果互通、技术共享,在布局国际化战略的同时,不仅实现了把国外技术引入国内,还帮助中国原创技术走向世界。

扬起驶向远方的健康之帆

正在建设的蓝帆全球科创总部

敬天爱人：蓝帆远航普惠全球健康

"敬天爱人"是刘文静的座右铭，或许正是这样温柔、包容、广阔的思想，让她在医疗行业乘风破浪，持续迭代进步。刘文静对于蓝帆医疗的重要性不言而喻，可以说，蓝帆医疗糅杂着她的骨与血、坚强与智慧。

"一定要围绕价值创造，不是我想做什么，我要做什么，而是时代需要什么，人们向往的美好生活需要什么，要围绕这个理念来开展企业的经营与发展活动。"蓝帆医疗始终秉承"做医疗健康中国创造，为人类生命保驾护航"的企业使命，这种普惠世界的企业文化与构建"人类命运共同体"的理念不谋而合。

新冠疫情暴发初期，世界各地都需要医用手套、医用口罩和防护服，蓝帆医疗立即给全球各个国家的员工配备防护产品，了解合作伙伴与地方政府的需求，为他们送去"及时雨"。蓝帆医疗贡献中国企业力量，支援了海外疫情200多亿支（只）医疗防护手套和9300余万支（只）医用口罩。针对医院断

2020年，蓝帆医疗向日韩捐赠医用手套

货，蓝帆医疗先后包机空运了 1400 万只手套到海外各国。为更好地贴近市场需求，迅速在美国、欧洲、南美、亚太地区建立起 9 大前置海外仓。正是蓝帆医疗强大且温柔的行动，规避了当地政府和职工的不满，让蓝帆医疗在与"一带一路"沿线国家合作时不仅没有文化冲突与障碍，还成为受人尊敬的公司。即使与苹果、脸书等全世界头部企业一起评选，新加坡柏盛国际公司依然每次都被评选为最佳雇主企业。

"每个人都有自己的人生使命，我认为自己的人生使命就是通过个人的努力和创造，带着更多人去创造价值，给这个社会做出更多的贡献。千辛万苦也乐此不疲，这就是人生最大的意义。"刘文静如此总结自己身上的使命。在敬天爱人、普惠众生的价值观影响下，蓝帆医疗秉持着"开放、包容、担当、共创"的理念，希望能够创造出更好的产品、技术和服务，给全球各个国家的民众创造福祉。

围绕价值医疗的核心理念，顺应全球最先进的治疗技术趋势，蓝帆医疗搭建起了四个业务条线、七个赛道。四个业务条线分别是以心脏支架为核心，全面布局介入器械的心脑血管事业部；以医疗手套为核心，全面布局医疗防护、防疫产品的防护事业部；以医疗急救包为核心，全面布局医疗急救护理耗材的护理事业部；以吻合器与超声刀为核心，全面布局微创外科器械的外科事业部。七个赛道分别为冠脉介入、结构性心脏病、神经介入、外周介入、微创外科、健康防护和急救护理。医疗行业治病救人、救死扶伤，蓝帆医疗所研发、生产、销售的，都是具有生命意义的产品。

刘文静最大的梦想是通过医疗事业改写人类历史，为人类历史做出贡献，让全人类可以远离病痛。BioFreedom® 搭载公司独家专利药物 BA9，这是全球首个被临床试验验证并写入《欧洲心血管治疗指南》中的专门针对高出血风险（HBR）患者推荐使用的支架，为高出血风险患者点亮新的治疗方向。BioFreedom® 支架已进入全国大部分省份，作为全球"金标准"产品为国内高出血风险患者带来福音。在 BA9 的基础上，蓝帆医疗正在研发更先进的心血管植介入治疗产品。刘文静希望在不远的将来，人类历史上会留下蓝帆医疗、柏盛国际的名字。她相信："这是商业规模不能达到的高度，如果能做到，那就是在人类历史上做出贡献了。"

在刘文静的坚持奋斗下，蓝帆医疗茁壮成长，策略性的海外布局勾勒出医疗产业链，默默地守护着许多国家人民的健康。截至 2023 年，蓝帆医疗的医用手套产品已向全球提供接近 3000 亿只；公司的心脏支架产品在全世界范围内已治疗了 600 多万名患者，让他们恢复了健康，回归了家庭。

结语

"一带一路"倡议，让刘文静和蓝帆医疗更加深刻认识到中国民营企业的责任与胸怀。面对"人类命运共同体"，刘文静充满信心地带领着蓝帆医疗为全球的卫生健康事业贡献出更大的力量。刘文静梦想着之后的十年里，蓝帆医疗可以成为一家受人尊敬的世界级医疗企业。蓝帆医疗将通过科技创新驱动高质量发展，继续完善全球化布局，顺应中国和世界的发展趋势，服务人类健康大业，为世界医疗体系构建贡献中国民营企业的方案与智慧。

广州鲁邦通物联网科技股份有限公司

"魔法棒"成就人机协同"小巨人"

　　你是否想象过这样一种生活：早晨起床，智能手环会帮你自动检测身体状况，并将数据信息自动同步给家庭医生；走进客厅，智能空调根据你今早的身体状况，调节适宜的室内温度；走出家门，坐上自动驾驶汽车，只需要输入目的地，车辆会自动根据路况和交通状况调整路线与车速；想要休息，智能按摩座椅会根据你的身高、体重等情况，调节角度和力度，给你定制化的按摩方案。

　　让全球设备接入数字世界，从而实现设备智能化和智能服务，这就是鲁邦通一直在努力实现的未来。2022年，鲁邦通荣获国家级专精特新重点"小巨人"企业称号，充分展示了其在工业物联网领域的独特优势和领先地位。面对数字化时代的变革，鲁邦通始终坚持自主研发技术，追寻万物互联之路，致力于让连接更可靠，让设备更智能，让服务更真诚，并以可靠性和效率为核心，为企业提供数字化转型产品和行业解决方案，给设备用户带来更加智能、安全、舒适的使用体验。

鲁邦通智能制造监控中心

从设备物联到工业互联，营造"一带一路"魔法场景

在阿拉伯联合酋长国，夕阳西下，迪拜的街道上依旧热闹非凡。在这个城市的熙攘中，一辆蓝色的智能巴士出现在了人们的视野中。这是一辆 5G 无人驾驶智能巴士，它在城市的主干道上缓缓行驶着，为这个城市注入智慧交通的内涵。

巴士内部的设计别具匠心。电子屏幕上实时展示着车辆的行驶路线和到站时间，座椅采用了人体工学设计，坐起来非常舒适。车内还配备了高速 Wi-Fi，乘客可以随时上网冲浪、阅读新闻或者与亲友分享旅行照片。

这辆智能巴士还配备了 5G 及 AI 技术，具备面部识别功能，巴士在 20 米左右的距离就可以检测到人行横道、十字路口信号灯并完全停下，确保行驶安全；同时，这项技术的运用也让乘客们免去了不必要的等待和排队时间，使整个旅行体验更加便捷和高效。

智能巴士的运营商希望为游客提供更加愉悦的旅行体验。因此，他们还在车内安装了 AI 助手，乘客可以通过语音控制了解当地的旅游信息、购买门票、预订餐厅信息等。如此，游客们就可以更加轻松地享受旅行的乐趣，而不必担心语言不通或者信息不全的问题。

在希腊，从传统的白色小屋到蜿蜒的海岸线，这里的风景充满了异国情调和浪漫气息。其中，有一道独特的风景线：一座座 5G 基站如同万花筒一般，将光线和颜色绽放在每一个角落。这些基站覆盖了整个城市，连接了医疗机构、交通系统及水产养殖业。

医院里，医生使用 5G 技术进行远程会诊，不同地区的专家可以随时随地对病人进行诊断和治疗。道路上，5G 技术使交通信号灯能够实现精准控制，交通拥堵得到缓解，交通事故率大幅降低。池塘中，5G 技术可以进行实时监控，对水质、温度等参数进行精准检测，以提高养殖效率和产量。

对于设立在各处的 5G 基站，运维人员可以在个人终端设备上实时查看基站的运行状态，监控网络质量，及时发现并解决故障。这得益于物联网技术的应用，它不仅保障了设备网络的稳定性和可靠性，还提高了设备的运维效率。

中东某国 5G 无人智能巴士上装载的鲁邦通 5G 高速工业路由器

以上魔法场景的营造全都离不开来自广州鲁邦通物联网科技股份有限公司的产品及技术的支持。2010年，次贷危机的余波仍在，全球人力成本持续上升，多个国家纷纷拥抱"工业4.0"，引入自动化设备和机器人，用信息化技术促进产业变革，鲁邦通成立正当其时。

作为一家致力于为企业提供高效物联网解决方案的领军企业，鲁邦通从一开始就聚焦国际市场，做出海业务。它的产品销往全球100多个国家和地区，用自主研发技术助力许多城市和海外企业的数字化转型之路，为土耳其、阿拉伯联合酋长国、沙特阿拉伯、印度尼西亚、马来西亚、新加坡等数个"一带一路"国家的生产和生活注入新的生机和活力，带来更多时代变革的机遇和可能。

在新加坡繁华的城市里，高楼林立，每座高楼都是城市的一道风景线。此时，一架小巧的无人机就在其中穿梭自如。它正在全面地检查外墙的状况，解决这一高楼背后长期隐藏着的一个巨大的安全隐患，那就是外墙的定期检查。

传统的外墙检查需要人员高空作业，这不仅危险而且费时费力。而现在，随着工业物联网的不断发展，无人机已经可以代替人类完成这项任务。在无人机的机头安装一枚高清摄像头，通过稳定的网络连接可以回传拍摄到的高清画面。

工作人员只需要坐在地面指挥中心操作着这架无人机。他通过电脑屏幕上的实时画面可以清晰地看到每一处细节，就像亲自站在高楼的外墙上一样。他还可以通过语音指令，让无人机从不同的角度和高度拍摄，以便更全面地检查外墙的状况。

是什么赋予了鲁邦通如此神秘而强大的能力？鲁邦通举起了手中的"魔法棒"——这支魔法棒由物联网通信、边缘计算、传感与控制、工业低码、工业AI所组成。

鲁邦通致力连接全球设备，拥抱开放创新的思维和合作共赢的生态，并以可靠性和效率为核心，为全球客户提供高质量的工业物联网通信和边缘计算产品，并逐步发展为工业互联网领域的数字化探索者和践行者。

走进鲁邦通智能制造监控中心，首先映入眼帘的是一张 LED 大屏，一排排高清晰度的监控屏幕播放着各个生产环节的实时画面。从原材料的进料，到加工生产，再到包装出货，每一个细节都清晰可见。

这些画面不仅让员工可以随时监控生产过程，而且可以在出现异常时快速响应和处理。工人们操作着各种自动化设备，熟练地将原材料送入机器中，然后机器就开始迅速地加工生产。整个过程如同一台巨大的、精密的机器人在默默运转。

在生产线监控屏幕的旁边是各种实时滚动着的数字。透过数据的变化，员工们可以实时了解今日的出货数量和时段产出表。在数字孪生技术的加持下，鲁邦通的生产过程变得高度透明化，员工可以更加透彻地了解生产状况。在生产效率上升 18%，品质管理能力上升 8% 的同时，由于 5G+ 数字化工厂的智能化生产，鲁邦通的管理成本下降 36%，能源消耗减少 30%。

在数字化时代，智能化的工业革命正在悄悄到来。鲁邦通作为一家工业物联网公司，深刻认识到数字化转型的重要性，并积极探索物联网、边缘计算和云计算、数字孪生等技术在工业和生活领域的全新应用潜力，不断推动企业智能化和可持续发展的进程。

犹如春风袭来，万物新生，鲁邦通在工业互联网的推动下，焕发出了新的生机和活力。工业互联网将生产流程和设备信息数字化，实现了实时监控和智能分析，让生产更加高效；机器与人类协同工作，让生产过程更加精准，同时也保证了安全性和可靠性。回顾"小巨人"的成长历程，可谓一番绮丽、新奇、艰难的奋斗历程。

秉承鲁棒性，踏上奇幻绚丽的魔法修行

什么是鲁棒性？对于不接触科技制造的外行人来说，无疑是一个非常陌生的话题。而对于非常熟悉的内行人来说，鲁棒性在这里的出现也一定会引起他们的好奇。然而，恰恰是这个既神秘又通俗的专业名词，引领着鲁邦通开启了一段奇妙绚丽的魔法修炼之旅。所以，且不急着谈鲁棒性究竟是什么，还是先看看鲁邦通做了什么。

2013年，在公司第一款产品硬件M1000工业级智能蜂窝调制解调器刚发布不久，鲁邦通就收到了来自印度尼西亚金融行业客户伸出的橄榄枝：他们需要一家优秀的供应商来提供联网服务，以便更好地管理ATM机器。这对于初出茅庐的鲁邦通来说，无疑是一次千载难逢的机会。于是，在没有任何先例可循的情况下，鲁邦通毅然决然地选择开始一段充满艰辛与挑战的征程。

首先，横在鲁邦通行进道路上的两座大山是来自美国和欧洲的供应商竞争对手。它们已经在市场深耕许久，企业规模都是几百人甚至上千人，这对于在当时只有十几人的鲁邦通来讲，无疑是庞然大物。但是，鲁邦通并没有选择退缩和放弃。

"知己知彼，百战不殆"。鲁邦通深知自己人数不多的劣势，但足够的勤劳和服务意识强，让其在竞争激烈的市场中成功立足。在产品测试过程中，一旦出现问题，鲁邦通的团队永远都是第一个冲到现场并迅速解决问题的。团队成员不断地与客户沟通，了解需求，有针对性地完善产品，尽全力无限趋近完美性能。

在多日相处和磨合的过程中，鲁邦通诚挚的服务态度逐渐打动了客户。印度尼西亚是一个群岛国家，因此，它并非像中国整片大陆有连续的网络覆盖，一些地方的基站需要通过卫星联网，否则没有办法直接投入使用，这对基站的集中管理造成了巨大的挑战。

客户的数千台 ATM 机散落在印度尼西亚的各个角落，机器可能发生倾倒、风扇不转、加载过热等多种问题，怎么能够第一时间了解各地机器的运行情况呢？鲁邦通在接收到客户这一需求时，第一反应不是遇到了困难，而是遇到了机会，团队认为这是一个能够充分展现鲁邦通高超智慧和领先技术的绝佳时机。

因此，团队迅速展开调研，齐心协力，集中精力解决每一个问题，仅一个月内就完成了上线部署的所有准备工作。也就在此时，其他供应商才陆陆续续给予答复，有的甚至没法给出解决方案。

鲁邦通的项目团队用勤劳务实的工作态度和诚挚的服务精神，赢得了客户的认可和信任。在这个过程中，印度尼西亚客户对鲁邦通的满意度非常高。直到今日，双方依旧保持着友好合作的关系，鲁邦通仍然是它们值得信赖的首选供应商。

2013 年是"一带一路"倡议的破土之年，也是鲁邦通走向市场的探索之始。那时，鲁邦通年轻而充满活力，虽然拥有领先的技术，但由于初出茅庐，只能用真诚和勤劳赢得客户的信任。

如今，"一带一路"倡议走过了十年光景，鲁邦通也已经成长为物联网行业的领先企业，成为国家级专精特新重点"小巨人"。在风雨的历练中，它不断蜕变和成长，展现出了强大的生命力和韧性。

2022 年，在"一带一路"倡议的东风下，鲁邦通的中东团队赢得了许多重大项目，但这些成就仅是一个新的开始，鲁邦通将继续秉持初心，为客户提供最优质的产品和服务。面对众多客户，鲁邦通始终保持着真诚和负责的态度，勤劳刻苦的精神更是从未减弱。它不断地努力着，用自己的实际行动诠释真诚、勤劳、刻苦的企业形象。

2021 年，鲁邦通公司当时正在为一场竞标做准备。这次，它又要与来自欧美的两家知名供应商竞争印度尼西亚的采矿场项目。三家公司都派遣了代表前往现场进行测试。测试的环境非常恶劣，到处都是尘土和石头，让人呼吸困难；而且天气炎热，让人感到非常不适。然而，这些困难并没有让鲁邦通的代表们气馁，他们认为公司的产品会在这样的环境下表现得更好。

事实上，当鲁邦通的代表们进行产品测试时，确实出色地完成了任务，没有出现丝毫差错。反观其他两个品牌，它们的产品在测试过程中都或多或少出现了一些问题。这让现场的鲁邦通团队感到十分自豪。最终，鲁邦通在竞标中脱颖而出，完胜对手。

后来，在一次偶然的机会中，鲁邦通发现这家采矿场正在招标 5G 示范项目。这个机会简直是为鲁邦通当时的研发水平量身打造的，因为它已经着手开发在恶劣环境下可以运行的设备。鲁邦通为客户提供更快捷的 5G 服务，帮助客户把设备都换成了 5G 设备，让客户享受到了更好的网络体验。该项目也成功促使客户企业获得当地政府推动 5G 技术的政策奖补贴。

现在，我们再来谈谈鲁棒性。或许，看完鲁邦通的故事，即使不用解释，也能够理解三分了。鲁棒是 Robust 的音译，也就是健壮和强壮的意思。鲁棒性是指系统在异常和危险情况下的生存能力。就像鲁邦通在"一带一路"的探索中，即使面临着诸多挑战和困难，它也能够维持其性能的稳定和健壮。

同时，鲁棒性并不是一个固定的属性，而是随着结构和大小等参数的变化而改变的。就像鲁邦通在不断学习和成长的过程中，它的鲁棒性也在不断提高，从而能够更好地适应和应对各种挑战和变化。

鲁邦通一直在传播着鲁棒性的理念和实践，用自己的行动践行着"诚信正直、开放创新、简单可靠、艰苦奋斗、卓越共赢"的企业文化。鲁邦通不断努力为客户提供最优质的产品和服务，让客户更加信任和依赖它。同时，它也让自己成为一个更加健壮和强壮的系统，拥有了更加优越的鲁棒性和生存能力。

"魔法棒"成就人机协同"小巨人"

印度尼西亚金矿公司采用的鲁邦通 5G 工业网关

印度尼西亚金矿公司现场作业场景

筑就低码平台，打造广泛的人机协同场景魔法表演

早在 2014 年，在土耳其的偏远地区，装有远程癌症诊断机的医疗车就已经有了鲁邦通产品的身影。骄阳炙烤着枯黄的大地，孤独的医疗车呼啸而过。车上，一台先进的癌症诊断机伴随着医生前往偏远的小村庄，为当地居民提供癌症诊断服务。这是一个名为"Tüba- 国家癌症政策研讨会"的计划，旨在为农村居民提供可靠的癌症诊断服务。

然而，这项计划进展得并不顺利。医疗车驶过的路程遥远，居民们需要等待许久才能得到及时的诊断。远程医疗诊断需要医疗中心能快速响应，对实时性的要求高，但是设备使用环境苛刻，需要设备在 40℃ ~ 80℃ 的温度环境中工作。更加困难的是医疗车多运行在偏远地区，设备状态的远程监控（如是否

土耳其知名农业机械制造商的设备上装载的鲁邦通 RCMS 设备管理云平台

在线）和远程管理成为令人头疼的事情。

一时间，当地政府深感棘手和无措，就在这个时候，鲁邦通出现了。它与土耳其运营商合作，为那些远程癌症诊断机提供坚固的 5G 宽带互联网连接，将诊断数据传输到伊斯坦布尔的医疗中心进行进一步诊断。这让政府计划得以顺利开展，从而保障了偏远地区居民的健康安全。

在罗马尼亚的救护车上，鲁邦通的产品能够确保即使在移动状态，经过移动通信信号弱的地方，也能够与医院进行稳定通信，以实时汇报病人的情况，并获取相关的医疗信息，从而为病人的治疗提供有力支持。这意味着救护车上的医护人员可以随时与医院保持联系，获取最新的医疗指导和建议，以确保病人能够得到最及时和有效的治疗。这一产品在罗马尼亚的救护车应用中发挥了至关重要的作用，为病人的生命安全和健康保驾护航。

在匈牙利的 500 千米供热管网络中，鲁邦通的产品为供热站提供高度安全的监测，降低了设备维护方面的人工成本，确保了 24 万户家庭和 6000 多个工业项目的供暖、热水和热能供应。该产品在满足严格的安全要求的同时，能够精确地监测供热管网络中的温度、压力、流量等参数，并及时报警提醒维护人员处理潜在问题，从而确保稳定、高效的供热服务。

2022 年，卡塔尔世界杯如火如荼地进行着，在这场属于世界球迷的狂欢中，除了赛场上紧张的较量以外，还有足球运动与科技的完美结合。其中，就有鲁邦通闪亮的"魔法"身影。以往，体育大数据分析公司会通过足球比赛分析工具，捕捉运动员在球场上的每个动作，为教练和球队提供实时的技术支持。然而，由于技术的局限性，教练只能在赛后总结球队表现，无法实时判断球员的表现。

随着 5G 网络的普及，实时大数据分析成为可能。但是，如何确保摄像机、麦克风与数据分析平台能够实时传输、实时协作？鲁邦通 5G 高速工业路由器 R5020 给出了解决方案。它拥有 5G 高带宽、低时延、高可靠的通信连接，覆盖全球主流运营商的 5G NR 频段，能够连接大数据分析公司的 4K 实时摄像机和麦克风。

由此，教练能够在任何地方通过手机或电脑实时观看赛场视频实况，通过每个数据点便捷地链接到比赛中的某个时刻进行回放，从而对整体比赛形势进行全面的分析，及时做出人员和战术的调整。

目前，鲁邦通的产品准入认证已经覆盖了全球 90% 以上的国家和地区，这得益于鲁邦通对当地法律法规的深入了解和认识。逐渐完备的产品矩阵让鲁邦通拥有了竞争对手难以企及的核心竞争力，要想建立起如此严密和高效的服务体系和服务网络，需要长时间的积累和努力。因此，鲁邦通的全球准入认证体系不仅是对其产品和服务的一种认可，更是它作为全球化企业在产品服务方面的坚实支撑。

在这个过程中，面对物联网场景的碎片化挑战，鲁邦通加快了对工业低码平台的研发。工业低码平台是一种将客户的需求归纳为一个底层产品的平台。鲁邦通工业低码平台采用低代码开发模式，用户可以通过可视化操作来快速创建和部署应用程序，无须编写复杂的代码，便可快速搭建工业互联网应用，满足个性化需求。这种方法避开了传统的烟囱式开发方式，避免了每碰到一个客户就构建一套系统的弊端。在工业低码平台上，鲁邦通能够满足客户 70%～80% 的基础需求，既提高了效率，又降低了开发成本。

工业低码平台同样让鲁邦通看到了研发多元终端产品的市场潜力。目前，鲁邦通为自己定了一个小目标，它要用五大底层技术的魔法，以低码为平台开发出更多的产品，面向不同的设备场景，并投入流通市场。

在"一带一路"倡议实施的十年来，鲁邦通的工业物联网及边缘计算产品已经在数十个"一带一路"国家落地开花，帮助当地企业提升数字化、网络化、智能化水平。鲁邦通能够向不同行业的海外企业提供差异化的工业物联网整体技术解决方案，助力当地企业加速实现设备智能物联及数字化转型升级。

怀梦万物互联，揭晓人文关怀的魔法谜底

作为一家在工业物联领域探索的高科技企业，鲁邦通常被问到这样一个问题：人类与机器人的关系是怎样的，未来人类是否会被机器人取代？然而，随着在人机协同领域的不断深耕和进步，鲁邦通反而愈加感知到人与人之间交流的珍贵、感动与不可替代。在这个世界中，技术使人们连接在物质层面，而交流与真诚则将人们在心灵层面紧密联结在一起。

陈小军作为鲁邦通的创始团队成员，也是企业首席技术官，比起社交，他平时更喜欢专注思考技术问题。陈小军对一位同样工科出身的英国同事印象深刻。一开始，由于文化差异，陈小军感觉与这位同事相处有一定的距离感，但沟通可以增进了解，拉近距离。故事的转折就发生在一场技术交流会议的过程中。

2019年，陈小军和这位英国同事结伴去剑桥大学参加一场芯片交流会议，当时英国同事入职还不到半年。接触第一天，他们基本上没什么交流，但是，三天的会议下来，就在最后一天快结束的时候，这位同事主动请陈小军喝啤酒。他说："这三天我们在一起交流沟通了很多，技术上的，生活上的，让我觉得面前这个中国人和之前认知的不太一样。"

他们坐在剑桥的河边，夕阳的余晖渐渐散去，夜幕渐渐降临，两人喝着啤酒，对公司的发展方向、产品技术及大家对技术问题的兴趣进行了坦诚的交流。英国同事对陈小军说："你知道吗，我一直以为中国人的技术水平还停留在比较初级的阶段，只会做一些简单的事情。但是加入鲁邦通后，尤其是通过三天与你的交流，我见识了中国同事的技术能力和聪明才智，我真的很佩服你们。"

这让陈小军倍感荣幸。此前，他认为技术是无国界的，只要有好的产品和服务，就可以赢得市场。然而，通过这次交流，陈小军深刻认识到，文化背景

和思维方式也是影响技术合作的重要因素。

那天晚上，他们聊了很多关于中国传统文化的话题。英国同事对中国传统文化非常感兴趣，陈小军也尽可能地向他介绍了一些基本概念和理念。他发现，英国同事对于传统文化的了解比他想象中的要深入得多，而且对中国传统文化也十分尊重和欣赏。

随着时间的推移和合作的不断深化，这位英国同事越发认同中国团队的技术水平，双方变得信任无间，默契无比。直到现在，这位英国员工依然是鲁邦通重要的成员。

在行业内部发展中，鲁邦通同样有一个宏伟的设想，那就是通过软硬件结合的工业互联网解决方案，帮助更多中小制造企业实现数字化转型。多年的从业经历让鲁邦通发现在整个行业产业链的上下游企业，尤其是很多中小企业，都面临着数字化转型的难点和痛点。而工业互联网的成功搭建，关键就在于为这些中小企业的数字化赋能。

从个体的互联网来讲，每一部手机、每一台电脑都是互联网上的一个个节点。如果没有手机、没有电脑，真正的互联网也就不复存在。目前，我国工业互联网仍处于起步与探索阶段，还面临着发展不平衡、企业集成水平不高、上下游协同较差，未形成完整的模式和体系等挑战。

作为各个产业上下游中的一个个节点，很多中小型制造企业还未具备联网能力，它们的数字化还未能实现，这就导致整个社会产业中工业互联网上的节点还没有打造完成，那这张网就还不够大、不够全。只有等所有中小型企业都完成了数字化转型，节点才能打通，整个工业互联网才会真正产生效益。

因此，作为具有工业物联网背景和底色的企业，无论从技术水平还是市场范围，鲁邦通都已经打下了坚实的基础。"鲁邦通有案例、有实践、有经验、有总结，我们希望可以通过自己的数字工厂与它进行融合、提炼，形成一套行之有效的方法论，最后输出给我们的客户。"面对企业的社会责任，陈小军如

鲁邦通数字化生产工厂

此恳切地回答道。

目前，有了传感与控制、边缘计算、5G 通信、工业低码、人工智能等技术沉淀，如何将它们更高效地赋能各行各业的数字化转型，俨然成为鲁邦通面对的新挑战。毕竟，中国工业互联网的起步相对较晚，令企业线下能力快速迁移成线上模型的难度较大，且中国工业门类庞杂，要建立体系完整的行业机理模型库尚需时日。

结语

数字化浪潮是全球性的趋势，但是不同国家数字化发展阶段不同，数字化面临场景、使用习惯、生态、本地化等方面的挑战。"一带一路"沿线国家对数字化、智能化技术和产品的需求尤其旺盛，在信息通信基础设施建设和信息技术服务等领域都具有较大发展空间，这为我国发展数字贸易、技术贸易提供了机遇，也为像鲁邦通这样的出海企业提供了广阔的市场空间。

未来，鲁邦通将持续发挥物联网优势，紧随时代步伐融入5G、AI等新一代信息技术，不断拓展应用领域，带动千行百业在数字化时代加速实现万物智能互联，赋能国家"一带一路"合作和贸易往来，为"一带一路"建设添砖加瓦。

宝业湖北建工集团有限公司

驶向塔朱拉港口的"黄陂捌号"

2013年，在习近平总书记提出"一带一路"倡议期间，中国民营企业宝业湖北建工集团有限公司（以下简称"宝业集团"）接到了它们梦寐以求的一个大单——吉布提塔朱拉新港项目。作为吉布提共和国的国家重点工程，无论从投资金额、项目体量，还是从施工周期来说，这项工程对于深耕非洲多年的宝业集团而言，无疑是一次千载难逢的机遇。但是，冷静下来之后，宝业集团的海外项目决策者发现自身将面临巨大的挑战。在非洲当地没有大型海上施工船舶的情况下，如何高质量地完成这项海上工程成为公司必然要面对的难题。公司随即组织了具有海上施工经验的专家到沿海城市考察，然而即使是租赁或购买二手的海上施工船舶，价格也是天文数字！考察工作一下陷入了困境，考察组只能先回到武汉。就在这一筹莫展的彷徨时刻，停靠在武汉汉江口一艘名为"黄陂捌号"的货船进入了他们的视野……

在吉布提塔朱拉新港项目中至关重要的货船"黄陂捌号"

立足吉布提:"黄陂捌号"乘风破浪行

在宽阔的武汉长江与汉江合流口上,有一艘货船安然地停靠在港口,锈迹斑斑的外皮上"黄陂捌号"四个大字赫然呈现。就是这样一艘几近废弃的货船,将在一次重大的使命中航行数千里,载着"一带一路"的荣光,展现出它东方巨轮般的高光时刻。

在向国内外建港专家详细咨询用"黄陂捌号"运输货物的可行性后,公司随即决定购买包括"黄陂捌号"在内的几艘二手内河施工船舶然后对其进行改装,这样既能保证高质量地完成这次海上施工任务,又能最大限度地节约成本。

　　经过完善的维修和改装，"黄陂捌号"等几艘船舶和其他采购的设备物资一起乘风启航。"黄陂捌号"顺着万里长江奋勇而下，从九省通衢的武汉重镇来到繁华喧闹的上海都会，从东海的港口再次启程，沿着广袤的太平洋航道一路前行，穿过马六甲海峡，经历了印度洋的风暴，最终停靠在一个叫塔朱拉港口的非洲东岸。就是"黄陂捌号"这一次不同凡响的旅程，载入了宝业湖北建工集团发展的史册，也让"黄陂"这一个中国普通县区的名称在波涛滚滚的红海里溅起了一道道縠纹。

　　故事要从头说起。2013年，由阿拉伯基金会和沙特基金会投资，在吉布提合同金额高达近1亿美元的工程——塔朱拉新港项目开始招标。宝业集团作为中国较早投身非洲国家基础设施建设的中国民营企业，历经各种跨国业务拓展的考验，用过硬的技术和诚信赢得了非洲朋友的支持，成为非洲小有名气的中国企业。但是，由于长期以来非洲国家发展的历史原因，以及欧美发达国家的观念影响，中国企业，尤其是民营企业在非洲当地的业务拓展十分艰难。在承接非洲国家特别是涉及国计民生的重大工程时，中国企业在招标的准入条件方面受到各种近乎苛刻的限制。

　　为助力"一带一路"在吉布提的深耕发展，实现企业做大做强跨越式升级发展的企业愿景，在得知塔朱拉新港项目开始招标的消息后，宝业集团勇于挑战自我，组织管理团队、技术人员针对塔朱拉新港项目进行研讨，从可行性、设备、技术、人员、合作模式、预算和资金筹措等方面多次全面调查研究，精心组织投标。最终，宝业集团以施工方案、价格预算双优势及多年在吉布提的诚信，从众多竞争对手中脱颖而出中标。

　　这次中标对于宝业来说，是惊是喜又是真正的挑战。如何顺利完成这项工程？管理、成本、周期、质量和资金这五大关键要素摆在了面前，选择"黄陂捌号"为成本的降低打下了良好的开局。"黄陂捌号"载承着项目所需的改装设备与物资，乘风破浪驶向万里之远的红海之滨。

一路上，这艘满载着宝业集团人奋斗激情的希望之舟乘风破浪，经过一个多月最终抵达亚丁湾。"黄陂捌号"顺利驶入吉布提港，对于漂泊在海上几十天的工作人员意味着胜利就在眼前。吉布提港和本次航运的终点塔朱拉港同属于一个国家——吉布提共和国，两个港口的距离仅有50多海里，而"黄陂捌号"的使命就是完成吉布提港与塔朱拉港之间的建筑材料运输及海上围堰双重功能。

到达吉布提港后的"黄陂捌号"所做的第一件事便是将扒杆吊驳船拖运至施工地，但是由于当时白天海上风浪巨大，没有条件完成这次短距离的运输任务。直到晚上9点多钟，海上的风浪逐渐变小，宝业集团的工作人员准备趁下半夜风浪平缓之时将平板驳船运往塔朱拉在建港口。

事与愿违，意想不到的事情在"最后一公里"的时刻发生了。当年参与购买和运输"黄陂捌号"的宝业集团人员至今都难以忘怀那个惊心动魄的夜晚。当"黄陂捌号"带领的运输船队行驶到一半航程的时候，海风突然开始呼啸，海浪随着风开始猖狂，汹涌的波涛拍打着驳船。"黄陂捌号"在惊涛骇浪中无助地颠簸着，平板驳船和机动船之间发出强烈的"咯吱、咯吱"声，这声音带着震颤感不停地撞击宝业集团员工们的心。他们多么担心"黄陂捌号"一旦被海风吹走，这一个多月的等待就会"竹篮打水一场空"，甚至会因此延误了工期，造成不可挽回的损失。

汹涌的海浪犹如脱缰的野马，巨大的拍打声让这个东非海港失去了往日的平静，这巨响让宝业集团上上下下员工的心情都变得沉重起来，所有人都在祈祷海浪快点离去。然而，凶神恶煞的海浪却没有停歇的迹象，凌晨两点，捆绑"黄陂捌号"的几根钢缆被狂风恶浪瞬间拉扯断裂，刚刚到达异国他乡的"黄陂捌号"茫然无措地被恶浪推搡着消失在一望无际的大海中。此时，宝业集团人的心彻底凉了，他们灰心地认为"黄陂捌号"永远不会回来了，这样的狂风骤浪必然会让这艘本应退役的货船从此消失在浩瀚深海。

宝业集团人深深喟叹，港口的工程还未开始，好不容易花了80万美元从国内运过来的这条驳船就这样消失了，此时的旷古绝望可想而知。就连身经百战的宝业集团海外项目总经理张健也难以镇定。失望中他还抱有一丝希望，等风浪稍有减缓，他便迅速调动资源，借用机动小艇连夜追寻，带领着20多人在茫茫大海上苦苦寻觅。夜色漆黑得像深渊，冰冷的海水不时扑到他们身上，至今他们都记得那个夜晚的寒冷。经过20多个小时不眠不休地艰难寻找，他们终于在惊涛澎湃中看到了船舶的踪影——"黄陂捌号"正坚强不屈地与大海对抗着。面对此情此景，20多个宝业集团人激动得瞬间热泪盈眶。

抢救回来的"黄陂捌号"被宝业集团人奉为"国宝"。这艘船来自宝业集团人的故乡，本来就承载着他们的浓郁乡愁，经历了这次夜晚后，"黄陂捌号"与宝业集团的情感牵绊愈发深厚了，宝业集团人更加细致地看管着这艘坚强的船。为了让"黄陂捌号"继续充分发挥价值，宝业集团的员工对它进行了全面检修和综合保养，工人们头顶50℃高温的烈日全面修复"黄陂捌号"的船身，汗水、海水混杂在一起浸湿了他们的衣服。经过连续10多个小时在海水中修补这次"脱缰"后船身的洞孔后，这艘来自湖北黄陂的中国航船再次焕发出蓬勃活力。

在"黄陂捌号"和宝业集团人夜以继日的努力下，历时两年多，塔朱拉新港终于顺利完工。总经理张健谈起施工过程总是感慨万千，他清晰地记得塔朱拉港围堰施工于2015年9月30日完成，当最后一片钢桩打下去的时候，施工人员百感交集，终于放下空悬良久的心。

塔朱拉新港建设是宝业集团人第一次承建海港，对于宝业集团施工人员来讲，许多人根本就没有海上施工经验，有的人连海港都没见过。然而，在"敢为人先，追求卓越"的湖北精神驱动下，宝业集团人高质量地建成了塔朱拉新港。该项目在取得可观经济效益的同时，也在东非吉布提这个国度为宝业集团

塔珠拉新港项目——由阿拉伯和沙特基金会出资，中国民营企业在"一带一路"完全自主建设的唯一港口

人赢得了认可、尊重与荣誉。

　　塔朱拉新港的建成更是让许许多多的非洲人民认识到中国强盛的实力，开始了解中国的"一带一路"倡议。在这次宏大使命中，"黄陂捌号"被赋予了神圣意义，它内含着宝业集团人劈风斩浪般的创业精神，也是宝业集团在东非吉布提这个国度深深扎根的见证者。

荒漠骆驼刺："这就是我们湖北精神"

　　宝业集团承建的塔朱拉新港不远处便是荒芜沙丘，炙热阳光将石头烤得黢黑。在广袤而又干涸的土地上，名为骆驼刺的植物深深扎根，叶片互相依偎，倒圆卵形式蓬勃向上生长。有一则采访时任宝业集团吉富公司总经理张健的报道，曾将张健和他带领的团队比喻成骆驼刺，宝业集团人就像这种生命力极强的植物一般，在吉布提荒漠中奇迹般地生存、成长、发展。

原来，早在2013年"一带一路"倡议提出之前，宝业集团人就好似生长在吉布提的骆驼刺一般，始终坚持根植在如此荒凉的土地上。1988年，武汉大学法语专业毕业的张健随援外医疗队远赴阿尔及利亚，这是他首次踏上非洲这片土地。1995年，张健又随湖北省建筑工程总公司来到吉布提，就是从这一次开始，他开启了将近30年的吉布提工作生涯。

起初，在吉布提创业的宝业集团仅仅是一家叫作"吉富公司"的小小房建企业，远征吉布提开疆拓土，吉富公司首先面对的就是生存与发展问题。张健为了拓展业务，秉持"湖北精神"，抓住每一个可能性，不放弃任何机会。他解释道："湖北精神就是敢为人先，在市场里的体现就是抢占市场先机。"

有一次，驻吉布提的法国军队军营宿舍项目招标，一般来说这种高度敏感的涉密项目由中国企业承接的可能性微乎其微。但是，张健不想舍弃这次机会，他只身前去找法国驻吉布提军事基地司令，询问道："我公司实施项目工期短、质量优、价格低，你为什么不能把项目交给我们做？"司令员回答道："你来自社会主义国家，我怎么可能给你做呢？"张健灵机一动，立马对他说："你们国家的总统希拉克已经访华了，我们是战略协作伙伴关系，法国军事基地内非核心的项目我们应该是可以做的。"司令觉得张健讲得有一定的道理，于是向法国国防部申请。就这样，吉富公司获得了在法军驻吉布提军事基地实施项目的机会，宝业集团也因此成为在法国国防部实施工程的全球唯一中国承包商。

张健回想起在吉布提开拓事业所经历的种种曲折艰难，感触良多，他觉得百炼成钢的宝业集团就像顽强生长的骆驼刺，用坚强不屈的意志力完成工程，而宝业集团人用心血所建成的项目似乎也在说:"看,这就是我们湖北精神!"

2008年,由科威特基金援助的巴尔巴拉642套社会住宅项目在吉布提向国际招标,合同总价值5000多万美元。如果宝业集团能够承接这个项目,就能在资金、品牌价值、能力提升等方面成功实现新的跨越,因此这对于宝业集团来说是一次绝佳的机会。对于这样的大项目,许多公司趋之若鹜,而彼时的宝业集团吉富公司还只是一个小小的建筑公司,固定资产不足百万美元,产值每年仅几十万美元。

如何在激烈的竞争中脱颖而出,抓住这次重大机遇呢?经过分析,张健认为应当从长计议,该项目是民生工程,宝业集团选择以减少利益获得信任作为核心竞争力。最终,宝业集团看低利润、为非洲人民造福的理念获得了认可,以5%的目标利润投标价赢得巴尔巴拉642套社会住宅项目。

机遇与挑战并存,吉布提642套社会住宅项目对吉富公司来说不仅是推动企业生产规模扩大的动力,也是对公司整个生产经营管理链的严峻考验。承接这一工程,宝业集团吉富公司将面临从技术、人员、管理、资金到生产量要翻10倍规模的压力。对此,张健相信宝业集团的潜力,信任员工的能力:"这对公司整体层面的提高也是一次难得的机会。"

为了落实项目,一方面,张健从企业管理模式、管理体系的全面创新提升入手,带领吉富公司调整了企业组织架构,健全、完善了各项管理制度,精心测算,制订合理可行的控制指标。另一方面,从文化的角度出发,张健深度学习了吉布提的法律法规,考察了当地的宗教信仰、民族习俗,积极与各施工班组工人沟通,与吉布提政府相关部门协调,他常常在施工现场一待就是一整天,与施工班组工人同吃、同工作。

吉布提642套社会住宅项目适逢世界经济危机,当时的经济环境给宝业集团带来了不小的压力,如何控制成本是当务之急。该项目需要近3000吨钢材,张健和集团高林总经理看准钢材价格持续走低的时机,打破按工程进度分批购进材料的常规，将近 3000 吨钢材一次性签订采购合同。这一创新性举措锁定了价格，降低钢材采购成本达 100 多万美元，省下了大笔的材料费用。项目的建设离不开宝业集团员工的积极与努力，为了调动多方面的积极性，宝业集团调整并明确规定了责、权、利关系，确定了利润分配比例，该项目的人工费用控制在合同总造价的 17% 以内的同时，职工的收入也获得了明显提高。

在项目实施过程中，宝业集团的员工们遭遇了文化冲击的阻碍。巴尔巴拉 642 套社会住宅建设的施工地非常偏僻，环境十分恶劣，几乎是在难民集中区和贫民窟里做事，而且工地范围延绵几千米，管理难度可想而知。当时，宝业集团在吉布提还没有声名大噪，吉布提当地人对中国仍有刻板印象。员工们经常遭到当地居民和难民的侵扰，甚至是对他们的人身攻击，员工经常会被突然扔来的石头砸得头破血流。即便如此，宝业集团员工仍旧认真负责地完成工作。张健以骆驼刺精神来勉励大家："企业是需要有企业文化的，吉富的文化是通过绝望、苦难，通过痛苦和无尽的磨炼形成的，是实践的产物。"

宝业集团要像骆驼刺一样在吉布提扎根，也要像骆驼刺一样在这片土地上蓬勃生长，就需要坚韧的毅力。因此，面对艰难险阻，宝业集团人所想的从来不是逃避，而是努力解决问题。在创新管理的推动下，宝业集团员工齐心协力，吉布提 642 套社会住宅项目取得了良好的经济效益，使宝业集团品牌实现了跨越式飞跃。

在吉布提的数十载，宝业集团在张健的奋斗下快速成长，从小小的房建企业成长为吉布提当地人心中的好企业。对于事业，张健无愧于心，而在亲情方面他却舍弃了太多太多。1990 年，张健的家人担心影响他的工作，隐瞒了母亲的癌症病情，后来他得知母亲病重便立即申请回国。当他下飞机直奔医院，看到母亲因手术、化疗而苍白、浮肿的模样，张健痛苦的泪水瞬间夺眶而出。

与父亲的告别也令他难以忘怀，一提起这件事情，张健就不禁哽咽。那是在 2013 年，当时公司正要承接塔朱拉新港项目，得知年迈的父亲患上癌症

巴尔巴拉642套社会住宅项目——由沙特和科威特基金会联合投资建设的大型住宅项目

之后,张健仓促地赶回国,仅陪父亲过了一个春节,便为了事业提前返回吉布提。没过多久,父亲再次病危,正在施工队现场的张健便匆匆交代工作后便星夜兼程地赶回武汉。在医院里,奄奄一息的老父亲握着张健的手一句话也说不出来,父亲眼睛里涌出的泪水无声地传递着对儿子的日思夜想,二人就这样相处了短短半个小时,父亲便离开了人世。时至今日,张健谈到当时的场景都难以控制自己的情绪,他说父亲用强大的意志力坚持到最后,只为能够见到他最后一面。

对于双亲，张健心中多有遗憾。对于自己的小家庭，张健也常怀愧疚。他始终觉得对不住自己的儿子，张健在儿子出生四十天就远赴非洲，后来常常是聚少离多，二十多年只在家里过了三个春节。回忆起来，他觉得自己没有尽到父亲的责任……

张健遭受到的是精神与肉体的双重考验，他在非洲住的是简陋工棚，高温炎热炙烤着发肤筋骨，重重烦恼煎熬着思绪心志。人前是谦卑与奋斗，人后是悲悯与坚守。有人问他，究竟是什么让他坚持了下来？张健若有所思："还是自我价值的实现，虽然吃了很多苦，受了很多的煎熬，但回头看一看，这些又算得了什么？人生短暂，总要努力做些事情，总要留下些值得回味和自豪的记忆。"

时至今日，张健已从风华正茂的大学毕业生进入耳顺之年，而他的微信头像仍旧是骆驼刺。张健始终用吉布提荒漠上顽强生长的"骆驼刺"来勉励自己，努力克服各种困难，带领企业不断开拓创新。

铸就总统府："我的背后就是中国工程"

中国民营企业"走出去"的途中荆棘载途，政治背景、经济环境、文化交流等多重因素影响着企业的发展进程，宝业集团却能披荆斩棘，跨越重重阻碍，在吉布提建构优秀的中国形象。

吉布提原属法国殖民地，这个国家与法国的关系渊源深厚。法国总统马克龙访问吉布提时，提及中国在非洲的影响，有记者问道："什么是中国影响力？"马克龙站在洁白瑰丽的吉布提总统府前，无奈地回答道："什么是中国影响力？我告诉你，我身后的这座总统府就是中国公司建造的。"这个由中国民营企业——宝业集团承建的吉布提总统府一时成为热点新闻，也使宝业名声大噪。

吉布提总统府项目——首例由中国公司通过国际招标中标的总统府建设项目

项目投入使用多年以来，来访的多位外国元首对吉布提总统府的建设均给予了高度评价。该项目不仅有效提升了吉布提的国际形象，也为中国企业赢得赞誉，促进了中吉友好合作。土耳其总统埃尔多安也曾倾倒于宝业所承建的吉布提总统府，他看见气势恢宏的吉布提总统府后立马问道："这是哪一家公司做的？"吉布提总统介绍说："中国宝业集团的吉富公司。"土耳其总统点头称赞："把这个公司的资料发给我。"就这样，宝业集团通过建筑扎根，也通过建筑带着中国的良好形象走出去。

凭借着吉布提总统府项目，宝业集团的海外发展获得质的飞跃。宝业集团的吉富公司在吉布提的累计固定资产从几百万美元跃升到上亿美元，宝业集团升级迭代的背后是宝业集团人不畏困难、勇于挑战的豪迈气魄和坚强意志。

2008年，吉布提总统府全面扩建，总经理张健得知这一机会，上下协调沟通，调动所有资源，终于获得这个项目的承建任务。当时，吉布提住房部长对张健说道："张，这个总统府项目做不好，我就把你丢到牢里去，把企业拉进黑名单。"吉布提总统府全面扩建项目就这样重重地落在了宝业集团肩上，如果应对失败，其后果可想而知。

吉布提总统府项目具有高挑战性，面对这个综合性极强的高标项目，宝业集团人没有丝毫退缩，他们以"敢为人先"的湖北精神驱动宝业集团厚积薄发。张健总结道："任何工程我们都要做，也能做，不然我们待在非洲干什么？"该项目的难度不仅仅是其本身的全面性和高标准化，更是对宝业集团驾驭能力、合作能力、沟通能力的考验。吉布提总统府项目是国际合作，该项目由吉布提政府投资建设，法国 AXE 公司负责建筑、装修设计，意大利 TECHNITAL 公司负责工程监理，结构设计由宝业集团的国内人员完成，验收由世界著名的 BUREAU VERITAS 验收公司进行。由中国民营企业承建外国政府出资的总统府项目目前尚属首次。

"桩基础、全钢结构、超豪华装修、强电、弱电、通风空调等由宝业集团来完成，而这些均是宝业集团吉富公司从来没有施工过的，也没有各专业技术工程师和施工人员储备，能否高标准、低成本顺利地完成施工，对吉富公司来说是极大的挑战。"

"是挑战就要迎面而上！"张健回忆起来说道。"虽然这个项目是高难度的，但是我们公司有信心，不止于按照图纸设计完成建筑，还要努力把中国的产品带进去。我们说服监理使用了中国材料和中国标准，我们要让中国制造走出去。"根据技术说明要求，有许多材料应该在欧洲采购，但是宝业集团为了让中国材料、中国制造、中国标准在吉布提落地，从国内进口大量需要采购的材料，在工程中采用了中国标准和中国工艺。

张健带着团队夜以继日地施工，终于按照预定时间顺利竣工，通过了吉布提的国家质量检验。这个由中国企业按照中国标准、用中国材料建成的吉布提总统府项目荣获 2018—2019 年度中国建设工程鲁班奖（境外工程）。

张健说："30多年来，吉富公司扎根吉布提，拓展海外市场，承建了吉布提许多标志性建筑项目。"宝业集团吉富公司在吉布提承建了第一个中国经援项目——吉布提人民宫，成为中吉友好的象征，并发行纪念邮票；宝业集团吉富公司承建了吉布提第一家现代银行——国家银行，该建筑形象成为吉法郎的最大币值图案；宝业集团吉富公司承建的吉布提国家医院外科大楼为法国政府投资的经援项目，欧美国家对第三国经援工程由中国公司承建到目前尚属首例；宝业集团吉富公司于2005年获得法国国防部驻吉布提军事基地建筑承包商资格，成为法国国防部全球唯一中资工程承包商合作伙伴；宝业集团吉富公司承建世界粮食组织东非物流中心项目，成为联合国世粮组织项目在非洲的唯一承包商。宝业集团还与吉布提共和国国家不动产公司签订房产开发合作协议。2018年10月，在中国中部国际产能合作论坛上，宝业集团与吉布提共和国签订4个合作项目，合同金额共计10.7亿美元。

这些工程都是宝业集团人在"一带一路"蓝图上，用中国制造树立起的一座座不畏艰难、勇于开拓的丰碑。宝业集团上下团结一心，持续实施"走出去"的战略，让中国材料、中国制造、中国标准走出国门，走向世界，融入世界经济大潮，实现企业健康可持续发展。宝业集团深知民营企业的力量，始终致力于用企业的经历讲好中国故事，用承接的项目彰显国家实力，用以心换心的真诚阐释国家价值观。

握手朋友圈："和你聊聊人类命运共同体"

谈到宝业集团能够在吉布提扎根立足的原因时，张健铿锵有力地说出了4个字："以心换心。"张健接着解释道："中国要想构建人类命运共同体，就需要学会以心换心。尊重对方，首先就要尊重当地的法律法规，其次就要尊重对方的民族习惯和宗教信仰。这个尊重我认为是必需的，它是我们企业能在吉布提生根的重要原因。"

宝业集团员工深度学习吉布提的法律法规，尝试了解并尊重当地的宗教信仰、民族习俗，积极与吉布提当地人沟通。这不仅是为了公司发展，也是对其他文明的尊敬。宝业集团始终遵循迈向人类命运共同体的"四个坚持"：坚持各国相互尊重、平等相待，坚持合作共赢、共同发展，坚持实现共同、综合、合作、可持续的安全，坚持不同文明兼容并蓄、交流互鉴。

在推进"一带一路"共建项目的属地化进程上，宝业集团追求自身利益时兼顾他国，在谋求本国发展中促进各国共同发展。中非文化之间存在着巨大的差异，虽然国籍不同、生长环境不同，但人类是可以依靠情感交流的生物，热忱的真心可以克服文化障碍。作为一家企业，宝业集团拥有比个人更强大的力量、更热烈的情谊，可以通过项目合作的方式实现共同发展的理念。具体而言，宝业合理招聘当地人，为职员谋求更多的福利，以真心换真心。

宝业集团努力与当地社会构建利益共同体，最大程度地聘用本土化员工，拉动当地就业上万人次，本土率达 90% 以上，并重视对当地员工的技能培训和素质提升。在吉布提，只要家里有一个人就业，那么全家就可以享受社会福利。宝业集团注重对招聘的本地员工进行培养，一方面启用当地人可以节约成本，另一方面可以改善吉布提人的生活条件，双方实现合作共赢。

张健说："我们培养当地职工是为了更好的本土化，其实我们的初衷确实是为了节约成本，其次才是与当地人建立感情，最后就是社会责任。"然而，时间一长，原本功利性的目标慢慢淡化，情感的沟通在深化。非洲国家的人们并不像中国人一样讲究储蓄，大部分都是"日光族"，张健就与吉布提人交流金钱观，普及中国的价值理念，甚至还创新了工资分发机制，工资的一半强制性给伴侣，直接帮对方存钱，只为给当地员工的家庭创造更好的生活条件。

宝业集团"以心换心"的真挚诚信在吉布提泛起一圈一圈的涟漪，影响力不断扩展，越来越多的吉布提本地人信任宝业集团。

以真诚换取信任，宝业集团就是这样与吉布提建立友好关系的。"现在，到吉布提不需要讲法语或当地语言，直接跟出租车司机说去吉富公司，他就知道要怎么走。"张健说起这件事情的时候，满脸的自豪。张健亲切地将吉布提人喊作"兄弟"，如此真诚的宝业集团赢得了他们对中国人的亲近、信任和尊重。日久见真情，中国的优秀文化、价值观在潜移默化中影响着他们，也有很多"兄弟"学会了中国话，精通武汉话，还会一起高唱《故乡的云》……

建立人类命运共同体的前提就是打造美好中国形象，只有建立优秀的中国形象，才能让他国认可中华的"大同"文化，相信"一带一路"倡议的提出是为了全球共同发展、共同富裕、美美与共，而不是为了追名逐利。除了以企业提供工作的方式促进中非合作，张健还提出构建中国形象需要双向理解。张健说："我个人觉得还有一个关键是双向理解，有些东西还要他们了解我们。"

经过鸦片战争以来170多年的持续奋斗，中华民族伟大复兴展现出光明的前景。在中国共产党的带领下，各族人民不断艰辛探索，中国越来越强大，在多方面取得了举世瞩目的成果。然而，一些西方媒体凭借其在信息传播领域的优势地位，一直对中国进行偏见性报道，从未停止对中国的恶意曲解、诬蔑、丑化。发达国家的人民尚且会因此对中国产生刻板印象，更不用说贫穷的吉布提了。

一个吉布提当地人曾经指着吉布提火车问张健："你们国家有没有这种大麻布？"麻布是当地语中"车子"的意思，在吉布提人的传统观念里，中国是一个荒凉、贫穷的国家，甚至比吉布提还落后。张健觉得很好笑，问道："你为什么会认为中国没有大麻布？"当地人郑重其事地解释："你们中国肯定比吉布提更穷。"张健问："为什么呢？"当地人说："那不然你跑到我们这穷地方来干吗？"张健一愣，中国俗语说"人往高处走，水往低处流"，当地人说的不是没有道理。也正是这番话让张健意识到，现在资讯这么发达，大家似乎在互联网上就能了解彼此，实际上西方传媒会留给他们关于中国的刻板印象，其中之一就是认为中国很落后。倘若要让吉布提人了解中国，就需要让他们亲自来中国看一看。张健邀请过他的很多吉布提兄弟到他家做过客，他会向非洲朋友们解释："我家在中国不是最差的，但是我家也不是最好的，我家只是还可以。"吉布提人来到中国见到现代化的大楼，看到张健的家庭后，深切而清晰地意识到中国的经济发展状况："中国不是比吉布提贫穷的落后国家，而是欣欣向荣的大国。"

建筑是清晰的、可视化的，它的冲击并不逊于文字带来的震撼，而且相对于文字，建筑能够更加直接地跨越文化障碍。宝业集团本着人文关怀在吉布提建造了孤儿院，项目结束后还赠送了小足球场，让孩子们有场地玩耍。中国驻吉大使在接受采访时称："宝业集团吉富公司不忘国家，讲政治顾大局，做好事做实事，赢得了尊重，赢得了信赖，赢得了友谊，为吉布提经济社会发展和中吉人民友好做出了积极贡献。"这些直观的建筑一直提醒和见证着中国与吉

张健工作照

布提的友谊。

正是有宝业集团公司这样的中国企业在吉布提开拓，才让中国形象在海外有了显著的提升。"80后"宝业集团海外工程师冷峰川说，刚去吉布提时，走在路上的时候会有很多小孩会凑近说："阿里巴巴。"意思就是中国人是强盗。现在，吉布提当地人看到中国人会竖起大拇指说："China Good！"或者说"China 好兄弟！"

这样的转变是宝业集团握手吉布提、以真心换真心、构建人类命运共同体的结果。宝业集团顺应时代潮流，坚持以"一带一路"倡议为引领，积极参与区域基础设施建设，开展了大量有影响力的投资、贸易、工程承包、合作开发等项目，促进了当地经济发展和民生改善，得到了当地政府和人民的高度认可。宝业集团在"一带一路"沿线国家打造互联互通的朋友圈，形成风雨同舟、荣辱与共的和睦大家庭，传播"人类命运共同体"价值观，为不同文明相处交流、国际贸易交往提供新观念。

结语

宝业集团的故事还在继续，以张健为代表的宝业集团人将"敢为人先，追求卓越"的湖北精神付诸实践，用实际行动成为扎根于吉布提的"骆驼刺"。张健和他的团队用赤子之心换取吉布提当地人的信任，用真诚促进中非文化友好交流，用气势恢宏的建筑构建了美好的国家形象，更用使命与担当在"一带一路"蓝图上推动了中国精神的海外塑造，向世界传播"人类命运共同体"的理念。

科大讯飞股份有限公司

用人工智能助力"一带一路"建设

2023年是"一带一路"倡议提出十周年,"一带一路"已成为当今世界范围最广、规模最大的国际合作平台,为促进世界多元化、经济全球化、社会信息化发挥了重要作用。十年前,2013年9月和10月,习近平主席在出访哈萨克斯坦和印度尼西亚时,先后提出共建"丝绸之路经济带"和"21世纪海上丝绸之路"的重大倡议。共建"一带一路"是以习近平同志为核心的党中央统揽政治、外交、经济社会发展全局做出的重大决策,是新时代对外开放的关键部署,是构建人类命运共同体的中国方案。

在构建人类命运共同体的过程中,科技创新发挥着不可或缺的关键作用,对人工智能国家队科大讯飞来说,用科技的力量参与国家"一带一路"建设,是创办之初就已"命中注定"的缘分。

从最开始的"人类语言大互通计划",到后来用多语种技术实现全球沟通无障碍;从将技术与行业深度融合为全球人民带来民生福祉,到聚合各国优秀技术搭建全球技术生态体系;从感知智能时代的"能听会说",到认知智能时代的"能理解会思考",科大讯飞一直坚持创办之初就确立的"顶天立地"的

科大讯飞总部

发展战略——技术顶天,要做到最好;应用立地,将技术和各行各业深度融合,满足社会生产生活的刚需。科大讯飞将持续用人工智能助力"一带一路"建设,助力国家为完善全球经济治理体系提供中国方案,贡献中国科技力量。

技术顶天,用源头核心技术助力全球沟通无障碍

"中文语音技术要由中国人做到全球最好,中文语音产业必须掌握在中国人自己的手上",从 1999 年创办的第一天开始,科大讯飞就怀着一定要将技术做到最好的"初心",开启攀登科技高峰的征程。如今,科大讯飞已成长为亚太地区知名的智能语音和人工智能上市企业。

创业是一条"弯曲的直线",初创的科大讯飞在跋涉中艰难向前。从 1999 年创办,直到 2004 年——创业的第五个年头,科大讯飞终于实现盈亏平衡。此后,科大讯飞逐步走入发展的快车道。2005 年至 2007 年,科大讯飞保持净利润 130% 的复合增长;2008 年,科大讯飞在深交所成功挂牌上

市，成为中国第一家大学生创业上市公司；2010 年，发布讯飞开放平台，提出人工智能技术要开放和共享，持续为移动互联网、智能硬件的创业开发者和海量用户提供人工智能开发与服务；2017 年，科大讯飞入选我国首批四大人工智能开放创新平台，并承建了我国首个认知智能国家重点实验室。

  不仅如此，讯飞与中国科学技术大学还共建了语音及语言信息处理国家工程研究中心。在产学研合作方面，科大讯飞除了有上述国家级平台，还有不少校企共建的平台。科大讯飞分别与中国科学技术大学、清华大学、哈尔滨工业大学、西北工业大学、上海外国语大学、中国社会科学院等高校和研究机构共同建立了联合实验室。近 10 年来，科大讯飞平均每年研发投入占营收比重超过 20%。正是由于对科技研发的高度重视和大量投入，科大讯飞一直在人工智能领域保持业界领先地位，并不断开拓创新、超越自我。也正是因为有了"核心源头技术牢牢掌握在自己手里"的底气，科大讯飞才可能在"一带一路"

讯飞翻译机支持 108 种语言在线翻译

讯飞翻译机帮助国际医护人员实现无障碍沟通

建设中发挥"技术顶天"的中流砥柱作用。

构建人类命运共同体，首先要实现语言沟通的无障碍。早在 2018 年，科大讯飞确立国际化发展战略之际，就提出"人类语言大互通计划"，通过多语种智能语音及语言技术实现沟通无障碍。目前，科大讯飞的多语种智能语音及语言技术可以支持 60 个语种的语音合成、69 个语种的语音识别、168 个语种的机器翻译和 14 个语种的交互理解。

依托多语种语言转写、机器翻译、语音合成等核心技术打造的讯飞翻译机，支持 108 种语言翻译，并首创金融、医疗、计算机、法律、体育和能源等 AI 行业翻译，可以支持用中文与全球近 200 个国家和地区的人自由交流，同时还具备离线翻译功能，即使在缺少网络的地区也能使用。

2020 年疫情防控期间，不少国际机场的跨语言交流成为难题，科大讯飞紧急调运一批智能翻译机到亚洲的国际机场免费支撑翻译需求。在亚洲一个机场，讯飞翻译机每天服务近千人，使现场工作效率大幅提升，有效帮助机场疫情防控工作顺利开展。

此外，科大讯飞 AI 翻译笔"一扫即译"，能够高效准确识别单词，是外语学习道路上专业靠谱的"智能小外教"。讯飞录音笔则可以高效进行智能录音，完整记录并翻译国际交流内容。

这些身材小巧的"AI 使者"跨洋过海，搭建中国和"一带一路"国家的友谊桥梁，助力"一带一路"上大量商务活动、国际会议和旅游交流等顺利进行，促进双边理解和达成国际合作。

当核心源头技术站在国际舞台上，它将发挥更广泛的无障碍沟通价值。2022 年的冬奥会举世瞩目，全球各国的运动员和工作人员操持着各种语言，却能顺畅自如地交流，便得益于科大讯飞的多语种智能语音及语言技术。

科大讯飞 AI 翻译笔

科大讯飞成为北京 2022 年冬奥会和冬残奥会官方自动语音转换与翻译独家供应商

  科大讯飞是北京 2022 年冬奥会和冬残奥会官方自动语音转换与翻译独家供应商，通过将多语种语音识别、多语种语音合成、多语种机器翻译、智能交互等各项技术用在冬奥会的具体场景，实现人和人之间沟通无障碍、人和组织之间沟通无障碍、人和赛事之间沟通无障碍。比如，面向冬奥会场景的多语种语音及语言服务平台，科大讯飞采用的"自动语音转换与翻译"技术，就可以支持 60 个语种语音合成、69 个语种语音识别、168 个语种机器翻译和 6 个语种交互理解。其中，重点语种翻译准确率不低于 95%，平均每句翻译响应时间不超过 0.5 秒。在科大讯飞的硬核人工智能技术支持下，各参赛国家交流沟通无障碍，冬奥会以及冬残奥会得以行云流水地进行，给世界观众带来了"丝滑"的观赛体验。

2022 北京冬奥会期间，记者用讯飞录音笔采访记录

应用立地，用技术助力"一带一路"国家民生福祉

构建人类命运共同体，还要实现科技普惠的无障碍。将核心源头技术和"一带一路"沿线国家人民生产生活的刚需结合起来，赋能他们的教育、医疗等国计民生领域，帮助"一带一路"国家的人民过上更加美好的生活。

一千多年前，青岛就是古代海上丝绸之路的北线起航点和重要枢纽。如今在"一带一路"规划与建设中，青岛被定位为新亚欧大陆经济走廊主要节点和海上合作战略支点城市。在人工智能助力解决汉语对外推广问题上，科大讯飞在教育部和国家语言文字工作委员会的指导及青岛市政府的支持下，打造了全球中文学习平台，为广大中文学习者提供优质服务，汇聚了超过 922 万用户。

"今天降温，要多穿一点儿。"在安徽大学国际教育学院中级一班的一堂对外汉语课上，汉语老师周华玲正在给 10 位来自德国、意大利、乌克兰、土库曼斯坦等国家的留学生讲解"一点儿"在汉语交际对话中的用法,他们上课使用的素材便来自讯飞的全球中文学习平台。

在这个平台的加持下,学生们学习汉语只要用手指轻轻点点屏幕,就能进行字词学习、常用句及谚语学习。在学习中文发音之后,系统将通过语音转写、语音评测等技术对学习者进行评价反馈。之后,学生还能收到根据自身学习情况而定制的专属学习计划。而这,仅仅是个开始。

2019年10月25日正式上线的"全球中文学习平台",利用人工智能等先进技术手段,汇聚各类中文学习资源,打造随时随地自主学习中文的线上教育环境。2020年,全球中文学习平台总部落户青岛西海岸新区,依托青岛"一带一路"的区位优势,逐步发展为具有世界影响力的中文学习平台,并于同年上线发布国际版手机移动端App——"译学中文",支持中、英、俄、日、韩、泰6种语言。这一功能的开发,更好地发挥了网络教育优势,助力全球中文教学机构在特殊时期实现"停课不停学"。

来自乌克兰的留学生可儿在体验"译学中文"模块后说:"汉语发音有四种声调,其中第三声是广大外国留学生最难掌握的。而且汉语里同一种声调又对应有许多汉字,之前光靠看书的话,记起来很不方便。现在有了这个开放、免费的平台,只要能上网,可以随时随地学,非常方便。"

除了同音字,平台上还有很多形近字、多音字等汉语专项练习,方便海外汉语学习者有的放矢地进行强化训练。针对海外学习者,在"译学中文"模块,学习者可以通过语音或文本输入他的母语内容,系统可实时翻译出中文并自动分句。学习者学习每个语句的标准音并录音跟读,系统会实时反馈评价,指出发音问题;针对错误字词,可以反复学习,直到学习者掌握正确的中文发音。

负责全球中文学习平台建设和运营的科大讯飞发布过一组数据——该平台自上线至2023年6月,累计用户达922万人,覆盖全球184个国家。在关键技术研发上，全球中文学习平台已经完成多语种语音输入和翻译、字词联想卡片等功能的研发，初步完成了统一的服务系统，建设了可视化运营管理的后台。同时，平台覆盖了 80% 日常生活场景的对话学习功能，通过沉浸式人机交互学习方式，帮助学习者在角色扮演中掌握地道的中文表达。

全球中文学习平台将在国家语言文字工作委员会的指导和支持下，本着"共建共享""合作共赢""平等互利"的原则，通过与第三方统一用户、统一管理、统一接口，不断丰富和完善中文学习资源、开发中文学习应用、构建中文学习生态圈，努力将学习平台建设成全球中文学习领域的优质平台。

在媒体领域，科大讯飞用人工智能助力"一带一路"国家向世界讲好故事。早在 2019 年，在北京召开的"'一带一路'国际商协会大会暨中阿经贸投资高峰论坛"上，科大讯飞和中阿卫视签署合作协议，双方共同建设"阿语影视译制人工智能科创中心"，推动中阿语言技术研究与产品化工作，促进对外宣传"一带一路"和中华文化的优秀内容，打造中国和阿拉伯地区交流的重要媒体纽带。科创中心致力于联合产、学、研及相关政府部门，共同开展中阿新闻访谈、经贸合作、文化交流、旅游信息等领域影视节目译制合作，共同开展语音识别、机器翻译、语音合成等阿拉伯语言处理方面的标准规范、语料库建设、核心技术研发及产品推广等工作。

在医疗领域，当"一带一路"兄弟国家面对全球疫情困境，科大讯飞的人工智能技术毅然出海，建起"广厦千万间"，呵护了韩国民众的健康安全。

2020 年 3 月 24 日，在韩国疫情攻坚克难时，科大讯飞成立项目工作组，将防疫外呼机器人的方案和技术无偿授权给韩国合作伙伴 Hancom 集团助力韩国政府抗疫。在中韩团队的同心合作下，该系统仅用十多天，就完成了提出方案到最终落地应用的过程，且测试效果达到可规模化应用的程度。2020 年 3 月 24 日，韩国防疫 AI 外呼系统正式上线。

这套系统使用的是科大讯飞智能外呼产品解决方案和 Hancom 韩语识别

引擎，能结合韩国当地应用场景，形成适合韩国使用的防疫问询智能外呼产品，具备快速部署、高效运转、自动记录等优势，可以大量节省人力、时间，同时实现有效的信息管理及信息宣教。

科大讯飞智能服务事业部产品总监程宇回忆，印象最深的是一次对系统的优化，在进行并发外呼测试体验时，他们发现系统反应有点慢。为了解决这个问题，团队前后呼叫并分析上百次，将分析出耗时较长的部分进行方案和代码优化，最终让系统性能达到最优。"几乎每天都两点睡，中韩两边的团队都是如此。"这支团队除了在国内开展产品规划等工作的程宇等人，还有负责商务沟通的韩国国家经理刘伟伟、负责整体技术方案的 Accufly.AI CTO 刘涛等人，同步在韩国加速推进项目进程。

"青山一道同云雨，明月何曾是两乡。"在地理位置上，韩国与中国是近在咫尺的睦邻，中国科大讯飞与韩国 Hancom 公司之间的守望相助，正是"一带一路"共商、共享、共建的精神写照。

星火燎原，用大模型技术服务全球人民

构建人类命运共同体，要坚持长期主义，在全球范围内搭建技术生态体系，用优秀技术服务全世界人民。

早在 2010 年，科大讯飞就在业界发布了以智能语音和人机交互为核心的讯飞开放平台，持续为开发者提供一站式人工智能解决方案。国家提出"一带一路"倡议以来，面向国际市场，科大讯飞保持技术开放心态，推动国际技术交流合作，持续构建人工智能海外产业生态。2020 年 6 月，讯飞开放平台国际站在新加坡完成部署，现已开放 20 多种语种、6 大核心语音能力，主要辐射"一带一路"国家，覆盖教育、医疗、金融、通信和游戏等行业。自 2021 年起，科大讯飞全球 1024 开发者节陆续设立韩国、新加坡国家专场，开放人

工智能基础技术，打造区域生态伙伴。截至 2023 年 6 月底，科大讯飞已在开放平台中开放 587 项人工智能能力，聚集了 497.4 万开发者，通过讯飞平台的人工智能能力，开发者们已开发了超过 172.5 万个应用。其中，有 13.8 万海外开发人员得益于讯飞开放平台的技术，进行创新科技研发探索。

当下，人类正迈入由大模型掀起的第四次人工智能浪潮，再次站在通用人工智能时代风口浪尖的科大讯飞，最近向全世界发布了"讯飞星火"认知大模型。每个普通人只需下载"讯飞星火"App，"触手可及"就可以拥有 1000 个以上不同功能的助理——对于职场人士，讯飞星火认知大模型能帮忙写周报、写邮件、写 PPT 大纲、写总结、写会议纪要等；对于高校学生，它是陪伴大学生的职场导师，从职业规划、简历制作到面试技巧，毕业生们甚至可以向讯飞星火提出各类初入职场的问题；对于创业者，讯飞星火认知大模型能够提供有效创业指南，只需简单地向讯飞星火提出问题，便可快速得到根据实

2023 年 5 月 6 日，科大讯飞董事长刘庆峰发布讯飞星火认知大模型

际情况给出的解答与建议，助力创业者迈向成功之路；对于新手爸妈，它担任着育儿智囊的角色，只需一个提问，讯飞星火即可实时回答宝爸宝妈们的困惑……

多风格、多任务和长文本生成能力、多层次、跨语种的语言理解能力、泛领域开放式的知识问答能力、情景式思维链的逻辑推理能力、多题型可解析的数学能力、多功能、多语言的代码能力、多模态输入和表达能力——"讯飞星火"具备的七大核心能力只是这一场通用人工智能技术革命的开端。科大讯飞最近发起的"讯飞星火营计划"已经吸引了来自清华大学、北京大学等 22 所全国重点高校的大学生踊跃参加，这样的 AI 星星之火必将在"一带一路"更多的大学燎原，培养更多通用人工智能时代的全球科技领军人才。

全球生态，用人工智能助力"一带一路"建设

构建人类命运共同体，科大讯飞坚持科技向善，以人道主义精神，和"一带一路"国家的人民守望相助，共克难关。

疫情防控期间，从横跨 900 多千米，连结合肥和首尔守望互助的"烽火

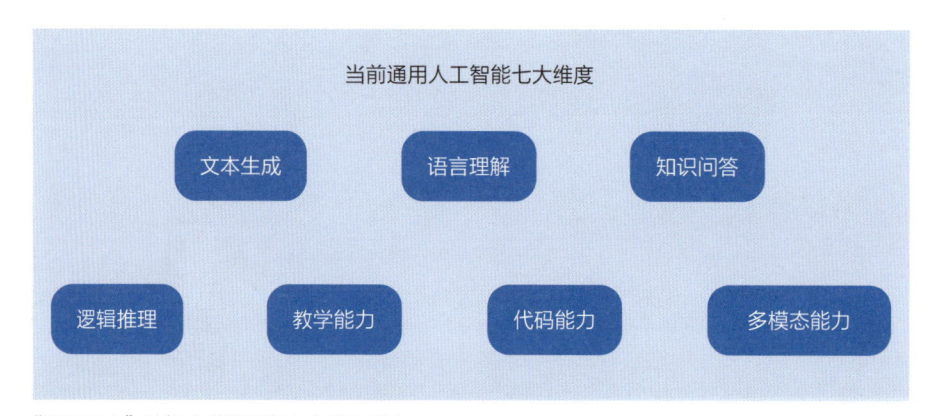

"讯飞星火"认知大模型具备七大核心能力

家书"；到不舍昼夜，到从千方百计运送战"疫"物资，穿越中东到中国的"驼峰航线"，再到坚守创业本心，不以国界为线，"为国为民、无问西东"。这些故事缩影不仅体现了"一带一路"友好合作背景下，中国与海外企业间，充分发挥民间外交，同舟共济并互相支持抗"疫"；更映射了科大讯飞及其团队，秉承"简单真诚、担当奋进"的企业价值观，积极践行社会责任，充分发挥企业力量，并在关键时刻，举集团之力，响应祖国人民的号召，积极投身于时代使命。疫情之后，世界重建，作为中国的人工智能国家队，科大讯飞向全世界发布"讯飞星火"认知大模型，在通用人工智能时代，以星星之火的科技匠心，燎原国家建设人类命运共同体的时代雄心。

中国携手"一带一路"国家，用科技共建美好世界，关键在千千万万的科技创新主体打破疆界，"一步一个脚印"踏实践行。早在 2015 年，匈牙利就成为欧盟国家中第一个与中国就"一带一路"发展签订谅解备忘录的国家，匈牙利政府也是采取实际行动践行"一带一路"目标的第一批欧洲国家。彼时的匈牙利驻华大使齐丽撰文表示："我们都希望通过'一带一路'倡议实现更加繁荣的未来，这不仅是中国的战略，也是我们共同的战略。"在推动中国和匈牙利科技合作共赢，用实际行动践行"一带一路"倡议的征程中，科大讯飞一直在路上。今年，科大讯飞再次站在国际重大体育赛事舞台上，成为 2023 年世界田径锦标赛的自动语音翻译技术与产品服务商。

每一次重大国际运动赛事，都是科技进步的集大成者在国际大型运动会上率先使用先进科技，并陆续在城市治理、产业发展、百姓生活等领域全面推广。

2023 年 8 月，世界田径锦标赛将在匈牙利布达佩斯举办。

一方面，科大讯飞延续了 2022 北京冬奥会上作为大会重要多语种技术提供者和赋能者的角色（科大讯飞是北京 2022 年冬奥会和冬残奥会官方自动语音转换与翻译独家供应商），科大讯飞将向大会提供讯飞录音笔等具备多语种语言能力和翻译能力的 C 端产品，作为大会期间沟通无障碍的关键解决方案。记者使用讯飞录音笔可以快速将采访记录转写及翻译成本国文字，快速撰写赛事新闻稿件；来自全世界的运动员在布达佩斯机场就能借到讯飞翻译机，"秒速"融入讲匈牙利语的当地环境；不同背景的大会人员、运动员、媒体记者等人群都可以根据各自工作和生活的需要，运用这些功能各异的"智能助手"解决跨国沟通难题，达成共识，共创美好。

另一方面，秉持开放合作精神，作为大会多语种技术的主导方，科大讯飞主动邀请来自匈牙利、日本、韩国、法国、英国和埃及等国家的优秀语音技术公司和机构提供基于各自国家母语的智能语音技术，科大讯飞对合作伙伴的技术进行总体组织和系统集成后，共同为 2023 年世界田径锦标赛提供沟通无障碍的技术服务，通过系统集成的多语种技术，对赛事进行多语种播报，为全世界观众带来全新的观赛体验。

正如科大讯飞董事长刘庆峰所言，任何长期主义的梦想，都需要一个又一个阶段性节点的里程碑来实现，需要踏踏实实一步一个脚印地前进。对科大讯飞来说，下一个"一带一路"科技强国的里程碑，就是在 2023 年世界田径锦标赛这个国际舞台上，搭建跨国语音技术合作联盟，并以此作为全球技术生态共建的关键节点，将系统集成的综合多语种能力向讯飞开放平台和合作伙伴所在的技术平台开放，凝聚全球先进的技术力量服务全球人民，通过构建"全球科技共同体"，助力国家"一带一路"倡议的实施和人类命运共同体的构建，向世界奏响"一带一路"的科技强音。

结语

"燃烧最亮的火把，要么率先燎原，要么最先熄灭。"在科大讯飞总部园区入口，有一座雕塑，两头牛顶着一个地球，科大讯飞人叫它"顶天立地"。24

年的跋涉与攀登，科大讯飞人心怀家国，热忱投身"一带一路"建设的伟大事业中，通过人工智能为"一带一路"沿线国家和全人类贡献开放共享的中国科技力量，在大模型时代用人工智能赋能"一带一路"建设。中国的"一带一路"倡议正是在无数个像科大讯飞这样有远大理想、有浪漫情怀、有实际能力、有拼搏精神的企业堆筑下，才在一条行稳致远的发展道路上越走越宽。

通威集团有限公司

绿色农业绘就跨国共享的梦想

通威发端于水产，成长于农牧。41年来，它深度参与并见证了中国饲料工业及水产养殖业发展壮大的过程，在中国饲料工业及水产养殖业每一次转型升级阶段都扮演了重要角色。

早在2007年，通威就开始布局海外的发展。作为最早一批在海外布局饲料生产基地的集团性企业，通威始终重视海外市场，尤其是东南亚地区的水产养殖行业发展及饲料生产基地建设，如今已在越南、孟加拉国、印度尼西亚等主要水产养殖国家建立了8家饲料公司，年产能超百万吨。然而，面对东南亚饲料行业老旧的设备、脏乱的环境，通威明白，要想在"一带一路"倡议中取得长远发展，必然要经过一次彻底的革新。

通威自创立以来，一直将产品质量视为企业发展的生命线。早在1992年，通威就在《四川日报》刊登整版广告："谁发现用户因质量问题而中止使用通威产品，奖励1万元人民币"，昭示着通威对产品质量的自信。1996年，通威在中国饲料行业中率先按ISO9001质量管理体系要求，建立和实施通威质量管理体系，推动行业质量管理由原来无序、无章可循、因人而异的管理，向规范化、科学化、相互协调的现代质量管理转变，强调"对内有效完成组织内部管理，对外提供质量保证"的通威质量方针初具雏形。

2022年6月，通威农业发展有限公司正式成立，在"质量方针"的引领下，企业全面推进以"生产自动化、业务数字化、作业标准化"为内核的标准化生产体系建设工作。

自推行标准化以来，通威在行业内开创了无数先例，而事实证明，标准

全新的越南通威外观

化带来的是对通威一直重视的产品质量的基本保障，也是通威立足发展的重要支撑。海外片区分（子）公司作为通威不可分割的一部分，也积极响应通威政策，以标准化为抓手，专注质量，推动海外饲料生产及水产养殖行业向高质量、高速度的发展方向迈进。

优质、惠民、标准化：独一无二的通威答案

2022 年 7 月 1 日，中国民营企业通威农业发展有限公司越南分公司全体员工聚集在办公大楼内，他们干劲满满，整装待发，准备参加"标准化打造项目"的启动仪式。

东南亚的通威子公司主要以饲料及配套技术、金融服务为主营业务。饲料行业一直留给世人"脏、乱、差"的印象，海外饲料工厂也不例外。此时通威海外子公司开启标准化改造，面临的压力可见一斑。

面对国际市场日益激烈的竞争局面，我国加快推动"中国制造"转型升级，如今，"中国制造"已在逐渐转型成为"中国智造"，饲料行业也面临同样的发展趋势。通威作为民营企业，给出了自身"转型升级"的响亮回应，"标准化生产"的转型行动是通威交出的一份独一无二的答卷；通威也在标准化的加持下，努力实现高质量发展。2020 年，通威重塑"质量方针"，明确要求以专业化、标准化、规模化水平严格管控产品质量形成的设计、制造、使用全过程，始终以养殖效益最大化为目标，最终构建一系列生产"好产品"的管理秩序和管理规则，真正让用户使用到"原料稳定，质量如一"的优质产品。

在充分了解东南亚水产养殖市场及考察了通威的各个海外公司后，发现近半数工厂已有近 10 年的历史，厂区环境亟须改善，生产设备亟待升级，生产形式亟须提升，与国内井然有序的通威生产基地相距甚远。通威意识到，向国内看齐，在东南亚通威工厂推行标准化建设，更好地服务当地水产养殖行业的

发展迫在眉睫！

在仅仅两个月的时间内，通威迅速组织力量，雷厉风行地开始了越南厂区的标准化打造工作。生产厂房必须严格遵循卫生标准，保持干净整洁；生产设备等车间设施必须满足标准化要求，不符合的一律更新换代；生产过程中必须严格遵循安全生产与产品质量标准，对行业负责的同时，也对客户及员工负责。

万事开头难，标准化打造工作刚刚推行的时候，建设改造范围广，任务量也重，很多人不理解，员工的整体畏难情绪特别严重。虽然行动规划做得井井有条，但员工们还是缺乏干劲，工作效率特别低。然而，在多次培训中，通威为员工讲解标准化建设的重要性和好处，让员工真正理解他们与企业是"命运共同体"。同时，通威总部标准化工作业务组也经受着疫情防控期间的各种压力来到海外各个公司的建设现场，进行手把手指导，员工们的技能水平得以提高，畏难情绪便马上降低了。组织贴心的回应和昂扬的鼓励让工作成员们的负面情绪逐渐消散，充满激情的斗志在员工们心中充盈起来。最终，跨国员工们齐心协力完成了通威多个生产基地的标准化建设，厂区来了个颠覆式的"改头换面"。

改造后，通威农发越南分公司每一个生产现场都发生了翻天覆地的变化，曾经的老旧设施被崭新的标准化设备所取代，不同岗位员工的工作、生活环境也变得温馨舒适。无论是行政办公区域、一线生产区域，还是生活区域，通通焕然一新，不再受到灰尘、高温和噪声的困扰，员工得以全身心地投入工作中。改造后，对于厂房的日常卫生，员工也愿意积极维护。在日常经营中，通威常常邀请养殖户、经销商到企业实地参观，亲自检验生产原料、参观生产过程、了解生产工艺、感受管理现场，为客户展示通威干净整洁、高效有序的生产现场，以最直观的方式塑造通威在当地人心中的可靠形象。

通威团队的一线工作除了带领当地养殖户、经销商参观厂区，还有一个重

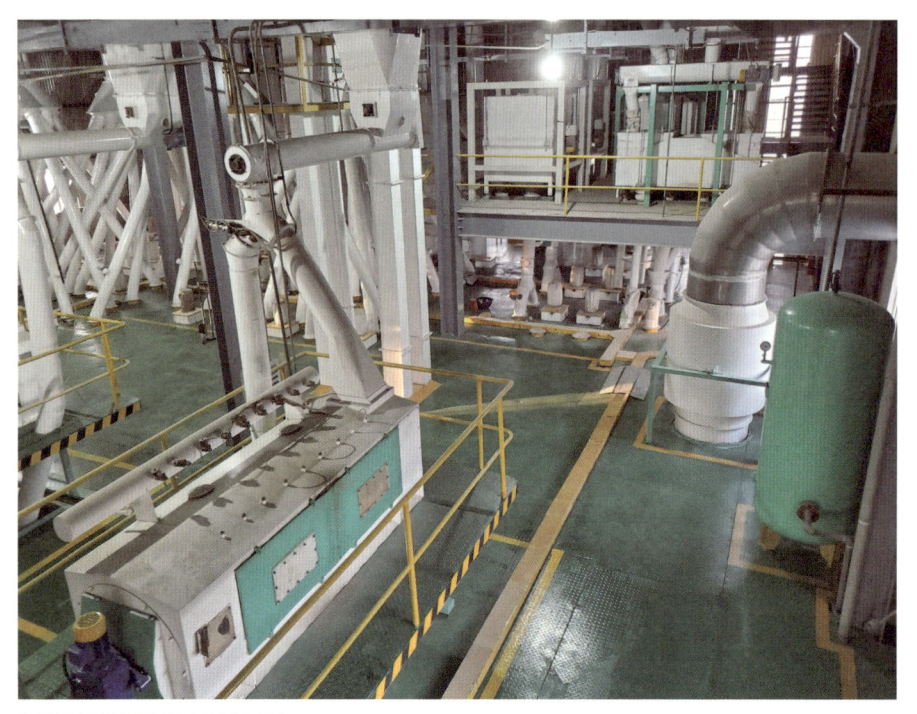

标准化打造后的通威海外工厂

要部分，就是基于当地的气候和民情，因地制宜地推广合适的产品、传授先进技术，这也是通威服务当地人民的重要手段。

最初进入越南时，通威的技术人员和销售人员时常在塘头上一蹲就是一下午，嘴上和养殖户有一句没一句地闲聊，脑子里却在仔细分析当地的养殖状况。通过与养殖户的零距离接触，他们发现，当地的养殖户基本都是采用非常传统的普通池塘养殖虾，技术水平低且效益不高，50亩❶的池塘出虾量才约1200斤。科学分析当地的养殖条件后，技术人员挨家挨户地走到池塘的边上，指导养殖户采用胶膜塘模式养殖。果然，改用胶膜塘模式后，出虾量几乎

❶ 1亩≈666.67平方米。

翻倍，能达到 2200 斤，极大地推动了当地水产养殖效率的提升。

通威结合国家"一带一路"倡议，在沿线国家发挥管理优势，布局农牧产业的可持续发展策略。在孟加拉国，通威结合当地养殖行业特点——雨季养鱼、旱季种稻，为当地养殖户提供了高端水产饲料，大大加快了养鱼的出鱼速度，为养殖户留出了充足的种植空档期；在印度尼西亚，企业间的无序竞争导致养户们总是购入低价低质的产品，通威却反其道而行之，将自身定位于只推鲤鱼高技术含量的产品，深受许多大客户的青睐；在越南，通威主推的虾饲料能显著提升虾的成活率和生长率，子公司同塔通威专注鱼饲料生产，前江通威、和平通威则专注禽饲料业务，海阳通威和越南天邦可以同时生产水产和畜禽类饲料，满足不同养殖市场的多样化需求。通威产品总是展现出优于平均水平的高品质，对当地养殖效益的提升作用十分明显。

优质、惠民、标准化是通威呈现在"一带一路"沿线国家人民眼前最真诚的答卷，海外客户也以真诚、信服和认可来回应通威。

乘风破浪迎难出海：走入东南亚的"大品牌"

2023 年，距离通威最初创业已经走过了 41 年。41 年间，从饲料到光伏产业，通威走出了一条风格化、个性化的绿色农业、绿色能源创新协同发展之路。在国内，通威已是市值达千亿的大型科技型民营企业；在国外，通威同样是受到当地市场青睐的农业领域"大品牌"。

农业是与全人类生存息息相关的事业。在海外，通威以农业作为主战场，配合国内业务向新能源转型的发展战略，在东南亚继续谱写这一时代伟业之歌。越南是通威海外布局的中心基地。目前，通威在越南已经拥有了鱼、虾、猪、鸡、鸭等饲料产品的生产基地，基本已覆盖越南全境。通威结合越南地区市场布局，统筹规划了各海外子公司产品生产线，形成了以水产、畜禽饲料的研究、生产和销售为核心，就地生产、建立周边销售覆盖的经营模式，同时为养殖户提供有效的技术、金融等配套服务。

现今的成果说起来也许云淡风轻，实现的过程却不是一帆风顺。刚开始，通威始终坚持的"优质优价"策略在越南市场上栽了大跟头。越南通威自成立以来就奔着要为消费者做"好产品"的目标，走以优质产品换取品牌效应的道路。可是每每接触到新客户，通威听到最多的一句话是："你们的产品怎么那么贵呢？"越南地区经济稍欠发达，养殖户对通威优质产品的合理定价总是抱有不能接受的态度。每当听到"哪家公司价格又开始下降了"的消息，都令东南亚各国市场团队心里悬起一块沉重的石头。由于当地的风土人情，越南人谈生意往往要应酬喝酒，酒桌上建立起的关系在他们眼里比货真价实的产品质量更重要。在越南，通威的"好产品"往往不如酒桌上的好听话来得有效，市场营销人员最大的痛苦就是"不胜酒力"；在印度尼西亚地区，"不赊账就不买料"，同样让他们头痛不已。

面对市场部门同事正在经历的痛苦，通威品牌部开始琢磨怎样才能摆脱"价格战"的恶性循环，让自己"优质优价"的好产品真正被当地市场了解、认可。最终，"引导"两个字成为通威接下来营销变革的核心动作。通威决定，从以产品销售为目的的营销转为以价值传递为直接目的、以企业可持续发展为根本目的的新型营销，以"养殖效益最大化"为招牌吸引当地市场。

守株待兔不如主动出击，通威先是将能体现通威产品优势的数据直接呈现给客户，如营养指标、原料品质等，帮他们算一算经济账，引导并鼓励当地客户进行产品对比，给予他们充分的选择权。紧接着引导客户参观，邀请公司的代理、终端的养殖户及意向客户到工厂实地交流，让他们共同见证通威的生产工艺和质量监控过程。意向客户们参观完后，往往会因对通威产品的了解深化而提高合作意愿，签约成功率高达80%。

在打响品牌口碑方面，通威具有天然的行业优势。它所经营的农业领域是

养殖户走进通威体验智能化生产

真正惠及民生的领域，其成果可以由广大民众亲身体会。企业做得好不好，最有感触的就是当地千千万万的普通消费者；饲料产品怎么样，最有发言权的还是养殖户。在市场团队走访当地养殖户时，总会得到来自养殖户发自真心的认可和赞赏。越南茶荣省市场虾养殖户杜文缘告诉通威团队："通威的饲料质量很好，养殖效益非常好！服务质量也很高，我特别感谢团队的拜访和服务，了解我们的养殖情况，我相信通威的发展还会再上一层楼！"

这便是通威新型品牌营销的最后一步，让养殖户切身体会到通威产品的效益，借养殖户之口说出"通威是个很好的大品牌"，比任何宣传都要强。通威还会聘请客户成为产品质量监督官，增强彼此间的信任和友谊。

如今在越南，通威是价格最优、质量最好、养殖户最喜欢用的饲料品牌，在越南南部养殖户中有口皆碑，成为中国优质产品的代名词。通威充分利用企业在国内深耕 41 年积累的技术、资金、管理优势，在海外牢固树立了以"专业强、品牌大"的饲料生产企业形象。透过通威可以看到，在技术与服务的双重加持下，部分优秀的中国出海企业正向海外市场传递着这样一个信号："中国制造"正逐渐摆脱以往的负面标签，向着成为"高性价比""优质"产品的目标进发。

近年来，通威在新能源领域开疆扩土，拥有了雄厚的技术与经济实力。考虑到全球光伏市场的巨大容量和潜力，以及当下乃至未来的国际贸易环境，紧跟农牧版块的脚步，开启"出海"新征程已成为通威能源版块的未来发展方向，相关的前期调研工作已经陆续展开。未来，通威将把在国内形成独特竞争优势的"渔光一体"创新发展模式向太阳能资源丰富、渔业基础良好的印度尼西亚等地推广开来，在具有硅矿资源优势的越南广宁省等地区投资建设高纯晶硅生产基地，将国内日趋成熟的光伏产业技术与经验带到东南亚，进一步加强国际合作、优化通威国际产能布局，积极融入全球绿色能源产业链高端和价值链核心。

趁风拓展：在"一带一路"的土壤中厚积薄发

谈到投资出海，通威可谓是经验老到的先行者，在"一带一路"倡议提出之前，通威就已经走在了海外投资建厂的路上，来到山水相隔的东南亚闯荡江湖。2007 年，通威拥有了第一家海外公司越南通威，投资近 3000 万美元，于 2009 年正式投产，成为目前越南国内投资规模最大的饲料单厂；2011 年，通威来到越南北部地区，在这里成立了海阳通威，它是主要经营畜禽、水产饲料生产和销售业务的综合化工厂。自此，越南通威和海阳通威两家子公司分别辐射越南南部和北部，同时兼顾越南中部地区，从南到北打通了越南畜禽水产饲料市场，开始带动越南畜禽水产饲料行业的整体发展。

多年的沉淀使通威在迎接"一带一路"时表现得如鱼得水，通威团队将"如何在重大历史机遇寻求效益最大化"这一考题应对得游刃有余。

"一带一路"倡议的提出，肉眼可见地加速了通威在东南亚的布局，搭乘着政府为民营企业海外投资项目特地开通的"绿色通道"，2013年后，通威开展海外投资的前期审批等流程效率显著加快，项目融资的难度大大降低。来到越南后，通威又受到了来自祖国的驻外大使馆、商协会的力挺，各方组织机构从每个境外投资项目的接洽、具体选址的谈判到投资风险规避、地方政策分析等方面，都给予了通威热情的支持和帮助。在中外社会各界共同营造的热烈海外投资氛围和积极的舆论环境下，通威海外投资的节奏快速而有力。

2013年，通威投资孟加拉国，2014年创立越南和平通威，2015年开启印度尼西亚版块市场；紧接着，2016年、2017年，越南前江、同塔两家子公司相继创立；2019年，通威收购越南天邦饲料有限公司。在这十年间，除受疫情影响下的特殊时期以外，通威基本保持着每年新增一家海外子公司的速度在东南亚地区滚动发展，在循序渐进中一步步挖掘培养海外产能，稳中求进，不断加固通威的东南亚根基。

通威在深度布局东南亚的道路上得到了多方帮助，中资企业、来自其他国家的外资企业、东南亚当地政府……大家殊途同归地成为跨国投资项目的建设者、支持者、帮助者，共同分享彼此的建设成果。

企业跨国投资的起步阶段常常意外百出，这时候各地政府伸出援手，就能协调多方帮助企业克服障碍。通威在快速拓展时期，受部分厂区生产条件限制，排污标准有所放松，遭到了附近外资企业的投诉。受理投诉后，当地政府并没有直接罚款，而是把当地工会、通威及投诉企业组织到一起，邀请大家坐下来共同商量如何解决问题，席间不断帮着出主意、想办法，让通威感到了来自异国他乡的包容和温暖。也正是在此次谈话后，通威耗资2000万元人民币升级绿色生产工艺，并将这一案例推广至各个的生产基地，统一提高环保标准，完善环保设施，以实际行动作为受到他乡礼遇的回报。

通威在来到东南亚参与社会建设、培养当地人才、提升当地人生活水平的同时，也设法为后续自身的深入布局提供环境与人才便利。越南部分地区的道路建设尚不完善，雨季时期乡间的狭窄小路更是泥泞难行。有一次，通威的货车整整花了 8 小时才走完一段 80 千米的路。既然驻扎在东南亚，就要为改善当地环境献一份力。近年来，大量中资企业前往东南亚，在越南乡间常常可以看见中国企业建设施工的场景。大批中资企业的到来促进了越南当地基础设施的完善，利他也是利己，良好的基础设施继而反哺企业自身，为企业带来真正的实惠。

通威也不例外地投入当地的基础设施建设中。2020 年，时值新冠病毒疯狂肆虐的窗口期，孟加拉国的通威员工不畏艰难，抢在雨季到来之前用两个月

通威集团为孟加拉国嘎叽布市毛拉村建成乡村公路

时间在一养殖基地所在的嘎叽布市毛拉村修建了一条高标准乡镇道路，令当地村民感激不已。"这是村子的致富路！"村主任感慨道。

这条"致富大道"总投资 276 万元人民币，共 1 千米长、5 米宽。道路建成后，困扰周边工厂和居民多年的出行问题终于得到了解决，从村主任、村民到通威物流员工都乐开了花。

梦想与荣光：人文通威的情感力量

在通威文化的深刻影响下，海外片区信奉三条准则："一是要敬畏客户，因为客户为公司带来了价值和生产经营条件，他们是公司生产好产品的基础；二是要尊重员工，包括对新员工的赋能培训，以及为员工提供良好的工作环境和晋升发展通道；三是企业的经营要一切为了市场、一切为了增量，只有企业不断发展壮大，才能为当地经济的发展和人们生活水平的提高做出贡献！"这些年来，通威所做的正是这一观点的具象化写照。

敬畏客户，表现在通威长期坚持"优质优价"的产品策略，将先进的技术和优质的产品送到经销商和养殖户面前；尊重员工，通威大胆放开本土化人才培养，逐步组建了以本土员工为主的海外项目中基层管理团队，开展外籍员工"管培生"项目，完善海外本土化人才梯队建设；壮大企业，通威在"一带一路"倡议提出后加快投资节奏，以越南为基地向东南亚更广泛的区域渐次铺开，带动当地投资建设发展。

引入国内先进技术与经验，提供优质优价产品固然是通往成功的重要因素，然而，在严肃的商场之外，真正让通威走进越南赢得人心的还有来自通威上上下下的"真心相待"。

通威总部有每周一升国旗的传统，这是培养员工爱国情感的重要方式。来到东南亚发展后，通威将升国旗的传统也带到了这里。无论风吹雨打，每周一的通威公司内，总会响起所在国的国歌。彼时彼刻，通威的外籍员工们一定会展现出耀眼的生命力，意气风发、斗志昂扬，那是与通威中国员工相同的，因对祖国的深厚情感而迸发出的强大力量；在细节处，通威的人文关怀也在每个角落体现，如发现员工食堂只有风扇，立刻安排所有越南通威子公司统一为外籍员工食堂安装空调。如此这些，通威发自内心对员工的尊重与关怀，收获了员工的真心。

通威的外籍员工纷纷表示，作为通威海外的员工，受通威本土化的战略影响，大家都有机会被列入重点培养和重用的名单，个人的收入、成长等方面都有大幅提升，最终还可能有幸成为公司主持工作的干部。加入通威后，越南、孟加拉国等国员工的年收入平均增长 20%，远超当地水产行业平均水平，员工的生活质量也相应得到提高，为创造更加美好的生活打下坚实基础。

"一带一路"倡议提出以来，许多东南亚国家积极响应，与中国展开密切合作。东南亚是我们的近邻，越南更是自古以来同中国共饮一川水，长期受到中华文化的浸润。通威鼓励员工学习中文，时常举办中文朗读比赛、歌唱比赛，培养员工之间的感情，潜移默化地向员工散发了中华文化的魅力，让他们与中国员工一同感受蕴含在歌曲、文章中的深厚情感。通威在越南等地的事业发展得如火如荼的同时，也无形中为中华文化在东南亚地区的国际传播添上了浓墨重彩的一笔。

海外项目所在地区的建设和企业在海外的长足发展是一个双向促进的过程。秉承着"追求卓越，奉献社会"的宗旨，通威每实现一步自身的壮大，就为海外项目所在地多送去一份支持。截至目前，通威海外片区已通过校企合作设置奖学金，支持贫困学生完成学业，累计资助学生超 50 余人；支持当地基建，亲自上手搭桥建路，通威已出资赞助建设桥梁 2 座，打通贫困养殖村通往外界的壁垒。疫情防控期间，通威在自身积极抗疫的同时，向当地政府捐款购买防疫物资；在物价飞涨时，为员工提供疫情补贴，为困难员工送米、送油，

通威向当地小学捐赠图书

帮助员工家庭渡过难关；在物资紧缺时，向养殖户发放口罩和消毒液，帮助和鼓励恢复生产，为越南抑制物价发挥了积极作用。通威力所能及地投身公益事业，全力支持工业区各项公益性活动开展，先后已累计捐款、捐物超 5000 万越南盾。

通威的梦想与荣光倾泻在东南亚的土地上，滋养着种植美好生活的一方寸土，让理想在"一带一路"的土地上生根发芽。

结语

"为了生活更美好"既是全体通威人共同为之奋斗的梦想，也是通威不断向世界展现的企业理念。它隐藏在通威与海内外员工、客户的日常相处中，也在通威为海外各地人民提供的"好产品""好服务"中不断体现出来。十年来，通威海外布局从主战场越南出发，先后在东南亚创立孟加拉国通威、前江通威、同塔通威等子公司。"一带一路"造就的绿色通道更是促进了通威各子公司的蓬勃发展，让通威在越南等国名声大噪。通威成功地用过硬的实力、真诚的态度征服了异国市场，感动了海外员工，让通威品牌深入人心，将共享美好生活的通威梦带到了东南亚伙伴的心中。秉持"取自社会、回馈社会"的理念，通威一点点滋养它在海外生根的土地，将通威人的美好生活梦想真正传递到当地人的心中，并与海内外通威所辐射到的所有地区共同携手，逐步将通威展望的"美好生活"变为现实。

安东石油技术（集团）有限公司

Hi，"石油同学"

"仿佛整片天空坍塌下来，黄沙漫天，如在火星一般。城市就像是被笼罩在一层厚重的大雾之中，让人感受到了前所未有的世界末日般的氛围。"这是

安东石油北京总部

罗林回忆当年到达伊拉克时的场景。中国民营企业安东油田服务集团将战略发展视野投向"一带一路"倡议发展的中东地区，作为董事会主席，罗林亲自挂帅，去遥远的伊拉克开拓市场。就在这次走下飞机踏上这块神秘土地的时刻，罗林被迎面吹来的沙尘迷失了双眼……

落地伊拉克：石油人探索的步伐一刻也不能停歇

那是在安东石油刚刚投身中东国家开拓市场的初期，为了寻求全球化发展的机遇，安东石油在罗林的带领下立志走出一条突围之路。就在罗林一行飞抵伊拉克第一大港口及第二大城市巴士拉时，映入眼帘的漫天黄沙让他十分不适应，而接下来的行程更让他大开眼界。

罗林一行此去的目的是准备会见当地石油部门的领导，下了飞机的他们坐上了当地安排的安保车，两把荷枪实弹的枪械就放在前排座位旁边，时刻提醒着他们身处的是怎样一个国家。安保车风驰电掣，一路呼啸穿过巴士拉市区，开着皮卡架着高射机枪的军人随处可见，街头弥漫着一种紧张的气氛。

然而，在这个充满战乱和破坏的国家中，石油收入却像一股温暖的力量，带动着巴士拉市区的恢复发展。如今的街上，灌木丛生、道路齐整，红绿灯闪烁，立交桥纵横，人群熙熙攘攘，叫卖声不绝于耳，生活气息浓厚。

拜访完石油部的领导，罗林丝毫没有停歇，又在安保车的护送下一路疾驰，奔赴安东油田作业一线——米桑油田。沿路上，他望向车窗外的作业环境，映入眼帘的是满眼黄沙，没有任何绿色生机的景象，罗林不禁感慨道："安东有一群可爱的员工，他们心中永远装的是集体的利益，而不是个人的安危。"

罗林的心中始终记挂着员工们。5月的伊拉克炎热难耐，200多千米的路程途经无数检查站，耗费6个多小时，罗林一行才得以安全抵达米桑油田。他

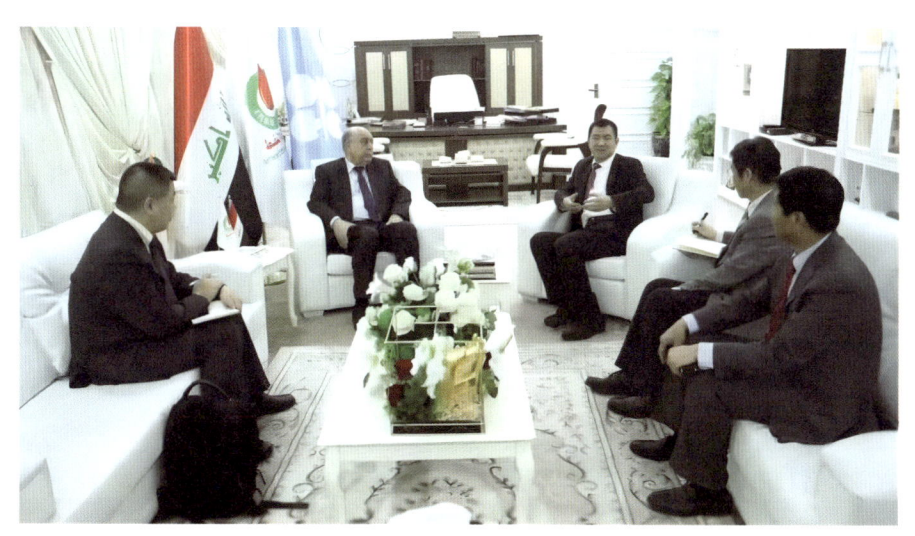

罗林拜访伊拉克政府领导

们带着绿豆汤、西瓜、冰棍、茶水和饮料等清凉降温食品，来到施工现场，为工地带来一抹清凉。视察完项目进展后，罗林又参加了当地项目部组织的员工表彰大会，为海外优秀员工颁发荣誉证书，鼓舞员工士气。

"伊拉克的生活并非一成不变的枯燥乏味，生活需要靠自己来润色"。这是罗林在与伊拉克一线员工同吃同住的日子中最大的感触。长期生活在"工地包围圈"内的安东员工十分擅长自寻乐趣，他们开辟小菜园、帮厨食堂、养鸡养鸭等，形成一种独特的社区氛围。

工作之余，罗林喜欢深入基层，或带领员工晨跑，强健体魄，或带上提前备好的啤酒、牛羊肉、底格里斯河鲤鱼，同员工一起"烤鱼"，享受着大自然赋予的美食，使大家在异乡也能感受到浓浓的家味。

快乐时光总是短暂的，但是罗林的全球行程还远没有结束。接下来他又将奔赴下一个国家，拜访石油客户、慰问当地员工、参与社区活动……

全球化初衷："追随自己一颗激情澎湃的'石油心'"

二十多年前，带着一份初心与梦想，安东石油在中国广袤的塔里木盆地成立。从繁华都市到大漠油田，他们阔别家乡，远离城市，奋战在荒凉的土地上；他们高举着先辈的旗帜热血打拼，默默奉献。

罗林回忆自己的选择之际讲道："我是学石油专业的，学了这么长时间的石油，感觉到我骨髓里流淌的都是石油。在国家政策的大力扶持下，我感觉做石油会更有前途。"就这样，罗林做了这辈子最重要的一个决定，毅然决然地选择投身石油行业，选择追随自己一颗激情澎湃的"石油心"！

凭借着不畏艰险、勇于开拓的精神，成立仅三年，安东总部便迁往北京，形成了全国化的业务布局。伴随着我国石油天然气行业的深化改革、政企分开，中国油田服务市场不断开放的同时，国际原油价格也迎来了迅猛增长的三年。安东石油凭借着内心的一份笃定与执着，抓住了时代赋予的机遇，2004—2007年以平均70%的增速快速发展壮大，顺利成为国内第一家上市民营油田服务公司。

2013年，国家正式提出"一带一路"倡议。站在历史的十字路口，安东石油毫不犹豫地选择跟随国家方向，开启了探索国际市场的新征程。然而，谁都没有想到，就在安东石油全球化探索如火如荼开展仅一年后，国际原油市场爆发了一场巨大的价格危机。

2014年下半年，多个产油国家竞相增产，激烈争夺市场份额，加上动荡的国际政治局势，国际原油价格最终崩盘，持续大幅下跌，从每桶120美元坠崖式触及每桶27美元的低点。一时间，国内外油气行业陷入了暗无天日的极度困境，安东石油自然也不例外。然而，此时的安东石油还面临着第二重困境。

自开始向海外市场进军后，安东整合自身优势资源，投入了大量的资金和

2007年安东石油在中国香港主板上市

人力，在全球范围内寻找适合开采油气资源的新兴市场，将多个产品与技术集中应用于海外合作项目中。

正所谓不破不立，创新永远与破坏并行，安东整体效益下滑近40%。一方面，由于国内市场基础大，安东此举可谓破釜沉舟般调转企业方向；另一方面，初入陌生的海外市场，安东石油面临着文化习俗、法律法规、市场特点等各种层出不穷的巨大差异。一个个阻碍等着翻越，一个个挑战接踵而至，安东面临着自创立以来前所未有的重大危机。

该如何应对这进退两难的境地？罗林这位湖南籍的大个子，凭着湖南人一贯"不信邪、霸得蛮"的精神，面对由于垄断而竞争残酷的油田服务市场，肩负着公司上下员工给予的莫大信任，脚踏着安东石油奋力开拓的全球化出路。此时的罗林，又一次站在了自己人生的十字路口。

"外界的压力是保持我们能力的营养。进一步讲，当外界的环境对我们施加影响，使我们要么生存，要么灭亡。那么我们作为一个生命体，就会自然地发生一种反应，使我们逐步拥有应对这个影响的能力，并且会反应过激，使我们有足够能力应对外界给我们施加的打击，并且还会有富余。"罗林曾在阅读《反脆弱：从不确定性中获益》的读书心得中这样写道。

这时的国际市场风云变幻、无序竞争，如果没有人能够理性预测，那就闭上眼睛，追随初心。在"全球化"的大漠之中，罗林驻足观望了许久，反复体验这一路来的种种成就与打击，或激情澎湃，或迷茫犹豫。"银河若悬，当可抬头望星；乌云遮蔽，又为何不能只低头赶路？"最终，罗林下定决心，带领安东石油坚定信念，再次出发！

坚持"以客户为中心、艰苦奋斗和学习创新"的企业理念，更加注重地质技术与工程相结合，注重信息技术与设备技术的应用，注重产品研发与科技创新的变革，安东通过不断发展自身业务，涵盖钻井技术、完井技术、井下作业技术、钻具服务及管材制造四大业务集群，形成以方案设计及技术集成为主导的，包含设计、井下工具、作业化学材料、服务设备的配套服务能力，很快成为海外民营油服的领头羊。

"乌云终有消散，银河永远闪耀。"两年后国际油价回升，市场回暖，安东凭借优势技术和优质服务，接连中标海外重大项目。2017年，安东石油迎来了一个令人惊喜和振奋的数字，实现了国际业务在总业务结构中的占比从原先的30%增长为70%，这标志着安东真正成为全球化的油田技术服务公司。

目前，安东石油海外业务已进入中东、非洲、中亚、东南亚、拉美五大区域，海外"朋友圈"已扩展至伊拉克、乍得、印度尼西亚等30多个国家和地区。忠于全球化初心的坚定选择，一次次助力安东转危为安，即使处于行业振荡周期也可以上演华丽逆转。

"现在看来，安东的全球油气开发新兴市场发展战略与中国的'一带一路'

倡议不谋而合。我们能够成功渡过行业危机，就是靠在'一带一路'沿线国家的发展。"罗林在一次被采访中由衷说道："与世界'牵手'，探路新征程。我们安东油田会奋力书写高质量'走出去'的时代答卷，守正创新，钻研新兴技术，实现技术突破，为推进'一带一路'建设贡献安东力量。"

共同劳动：成为热爱自然的旅行者

2019年年底，新冠疫情突如其来，石油行业遭受到前所未有的冲击。安东作为一家"走出去"的企业，许多专家、员工由于出入境限制而无法到达作业一线，海外业务被迫停工，公司运营受到巨大影响。然而，罗林却在这场棘手的挑战中看到了机遇。

疫情防控期间，企业防控工作文件需要实现上下级间高速传达，确保信息的时效性。罗林深受这一问题的启发，经过反复尝试和总结经验，成功创造出了"共同劳动九步曲"——员工自主、去中心化组织、敏捷发展、OKR工作法、成长型思维、平台化运营、同时办公、生态式社区和每日点燃，创新性开展"共同劳动"的可视化办公。

时至今日已是三年多过去，每到周五，罗林都会准时上线主持召开安东共同办公会议。考虑到伊拉克、乍得等地的时差问题，会议特意安排在北京时间下午4点，确保海内外5000多名员工都能准时齐聚在一起。

在此工作模式下，员工们不再受地理位置的限制，借由这一线上开放平台，所有员工仿佛身处在同一办公室里，每个人都能随心所欲地分享自己身边的故事，分享工作中令人激动人心的消息，随时传达要求，随时推广经验。

安东石油的业务分散在全球，非常具有野外工作的特色，即人员配置上需要高素质能力，人员行动上需要很大程度的授权。如此特殊的工作环境促使罗林不断思考如何激发员工积极性和提升效率。

因此,"去中心化组织"就成为安东集团最具特色的人才管理模式标签之一。"安东去中心化的突出特点是敏捷型组织,就像特种部队作战一样,小团队特别机动灵活,这也是我们管理变革的理论基础,同时线上我们也有这个群,专门设有线上社区。"罗林这样解释说。它要求每一个安东人都进入一个从事任务的小团队里,由小团队构成大团队,形成一个结构化的组织,具有可拆分性,同时又具有非常大的活力和柔性。

由此可见,安东集团在罗林的带领下,给予国内外员工最普世的人文关怀,共同营造出自由、互助的企业氛围。

罗林与印度尼西亚员工开展跑步健身团建活动

同时，安东十分注重国际化人才储备，通过全球化人才储备计划来吸纳、培养、挖掘、留住优秀人才，以应对全球竞争。对于计划内的管理培训生，罗林在语言能力、团队协作和沟通能力等基本素质要求之外，针对安东全球化市场的运营特点，提出一条独具特色的要求——"热爱自然的旅行者"。

2022年，安东集团在大学校园里掀起了一股"热爱自然的旅行者"招聘热潮，吸引了来自五湖四海的莘莘学子。除了在中国各省份的高校开展宣讲，安东还与伊拉克巴格达大学、巴士拉大学开展定向招聘，为伊拉克大学生提供宝贵的就业机会，帮助当地解决疫情防控期间的就业难题。

在这个充满希望和机遇的时代，安东集团的员工队伍日益壮大。5829名员工来自32个国家，他们虽然拥有不同的文化背景和价值观，但共同的信仰是对石油天然气事业的热爱和执着。在安东这片自由的"田野"中，每一位员工都能获得公平的工作机会、丰厚的奖励和晋升的空间。在非中国籍雇员中，共有420人荣获了优秀表彰，这是对他们付出的认可和鼓励。这些"热爱自然的旅行者"不仅代表着地域的分别，更是安东石油内在创新理念的最鲜活呈现。

玩转"魔法"石油："走出去"和"创新理念"油然而生

高质量"走出去"既是安东建设全球化领先的石油技术服务一体化公司的战略选择，也是践行国家"一带一路"油气合作的重要举措。罗林认为，每一个人应该有梦想，每一个人也应该有实现梦想的"魔法"——创新。

全球化要走，但往哪走？当罗林审视整个国际油气市场时，他的目光掠过了先进的发达国家，停留在了大片荒漠地带。相对于市场成熟、专业化分工明确的欧美国家和地区，新兴市场油气资源丰富，但人才技术与社会配套方面匮乏，更亟须利用一体化服务解决当地油田开采和运营管理过程中的各种问题。自此，安东开启了全球油气新兴市场的开发征程，第一站选定了伊拉克。

作为原油储量全球排名第五、OPEC 中第二大原油生产国，伊拉克在石油行业一直位居前列。但由于局势动荡、技术落后和人才稀少等多方面因素，许多油气资源并未得到充分开发。2018 年，安东凭借多年在伊拉克良好的油田运营管理经验，最终在与国际百强企业的竞争中胜出，成功接管伊拉克第三大油田——马基努（Majnoon）油田。

然而，中标虽代表着崭新的开始，但万事开头难。罗林介绍，马基努油田之前由一家国际大型油田公司负责作业和管理，按照油田产量向伊拉克国家油田公司收取报酬。中标后，安东石油立马需要解决第一道难题：怎么改？初到马基努油田，大家都不了解前作业者留下了什么，也不知道新东家 BOC 公司会怎样管理和经营油田。安东石油似乎再次陷入了一种"前不见古人，后不见来者"般的两难境地。

2018 年伊拉克 Majnoon 项目签约

炎热夏季，漫天黄沙，热浪翻滚，汗水与灰尘交织成一幅幅粗犷而坚韧的画卷，这便是安东石油团队抵达马基努油田的真实写照。恶劣的自然环境条件像一把难以承受的重锤，重重地压在年轻团队的肩上。身处异国他乡，面临陌生的工作环境，年轻的安东团队不仅需要理解和熟悉各种复杂的管理体系和制度程序，还要适应新的文化氛围。

在这个多元化的工作团队里，每个人都会遇到从四面八方汇集在安东石油旗下的各路人马，每个人都有不同的思想与背景，但每个人都需要真正尊重和接纳他人，需要学会与团队成员沟通和协作。在这个过程中，他们会发现自己的语言和人文环境需要不断地调整和适应，因为经常会被南腔北调的花式英语弄得晕头转向，他们会受到外方人员的质疑和不信任的目光与言辞，他们需要付出更多努力，去认知、感受和磨合。

在这个充满困难的环境中，安东人没有退缩。他们积极主动地面对挑战，用创新的意识适应新的环境和要求：有着丰富海外管理及工作经验的中方核心团队发挥主导引领作用，带领大家以学习合同为抓手，梳理先行工作程序和制度，厘清要点，紧抓重点，突破难点，指导大家提高执行合同的能力及水平，尽快适应新的合同管理模式。

同时，团队努力实现自我更新，加强掌握并落实风险管控能力的培训，提高现场管理水平。为了更快速地成长，团队人员纷纷冒着酷暑跑现场、上工地，在油田设备前低头观察，在工艺流程前认真思索，在实际程序操作中不断尝试。尽管他们中的许多人因年轻而缺乏经验，但是他们的自信和坚定却超越了年龄和经验。他们明白自己肩负着重任，必须要在最短的时间内熟悉油田的各个方面，挑起油田管理和运行的重担。

接管五年来，安东提出了马基努油田中长期开发方案，构建了最先进的服务管理体系，油田产量创造了24.5万桶/天的历史最高生产纪录。从经济效益来看，油田的整体人力成本比之前节约了50%左右，履行了"无伤害、无污染"的承诺。高效、安全、低成本的服务让安东赢得了当地政府的高度认可。

以最真诚的服务换得石油界和客户的认可，始终是安东集团最主要的优势来源之一，但真诚的背后一定是企业核心技术作为最强劲的硬实力支撑。安东自成立以来始终秉承着技术先行理念，大力推进油田服务高新技术研发。罗林认为，安东石油转型的关键除了传统技术的纵向创新，更在于企业整体的数字化升级。

数字化"出海"：在建设洼地上筑起智慧"高楼"

当安东石油迈出了全球化业务进程中重要的上市步伐之时，也是勇士走向数字化转型的未知冒险之始。在全球化的浪潮中，罗林早早就意识到，企业要想立于不败之地，就必须以信息化方式实现提质增效。数字化转型不仅是安东石油的必经之路，更是其走向全球市场的重要保障。

然而，作为推动世界生产的领军产业之一，石油开采这个常因位于偏远的无人区而戴上神秘面纱的行业，一直被认为是数字化建设较为薄弱的洼地。在这里，极高的安全需求和落后的基础设施像是一座座高山，数字化技术似乎永远无法跨越。

然而，困难永远不是放弃的理由，而是坚定信念的源起。面对信息技术变革的时代发展趋势，罗林是一位胆大心细的冒险家，他用卓越的勇气和智慧迈出了数字化转型的第一步，用先进的技术和创新的思维打破了许多不可能。在罗林的带领下，安东石油为这一传统产业的现代化发展搭建起了一栋崭新绚丽的智慧数字"高楼"。

2007年，安东石油率先在油服行业内部署ERP系统，而这只是踏上数字化方式提升生产效率和管理水平征程的开始。几年后，伴随着全球经济陷入低谷、油价走势低迷，安东石油也进入自身业绩的低潮期。内忧外困之际为配合公司业务结构调整、大力拓展海外市场的破局之策，罗林做出了一项堪比"伤筋动骨"的重大决定——将 ERP 系统切换为海外油田更常用的 SAP 系统。

短短一句话，背负的是耗资 3000 多万元人民币的巨额投资风险。同时，前期大量数据迁移与上线模拟都包含了巨大的工作量，这些使得团队压力陡升。但是，安东的数字化团队依旧没有被困难打倒。他们高质量地完成了新系统的上线任务，在不断调试和修改中实现系统的正常运转。

大量资金与时间的投入最终带来了丰厚的回报。SAP 系统的部署不仅规范了内部运营流程，更让安东石油获得了与海外客户的"共同语言"，拓展途径更加顺畅。罗林和他的数字化团队像一支英勇的航海队伍，驾驶着安东石油

安东智能防爆巡检机器人

这艘大船穿越技术变革、商业竞争等层层波浪，向着成功的彼岸勇往直前。

对比业务方面，在内部员工管理的数字化应用过程中，罗林和他的团队又化身为一支大型合唱团，在数字技术这一指挥棒下，唱出了协同配合的美妙旋律。安东石油仅用1000人的团队，管理日产量超24万桶的海外超大型油田，仅用100人的总部规模，管理分布于40余个国家和地区的近6000名员工。

基于数字化团队定制开发的社区化管理方案，总部的每一条指令、通知、海报和视频，都能被一键推送到各个业务团队的小群中。与之相呼应，实时统计的工作群内互动数据，又帮助管理人员得以随时了解各团队的情况，用敏锐的观察和细致的耐心，让总部能够实时掌握一线情况，企业上下实现互通有无。

在不懈的尝试和追求中，安东石油将行业内部公认为难题的油田数字化做成了独立业务并实现了盈利。数字化转型为安东石油注入了新的生命和活力，让它更加敏捷、创新和领先，同时也为整个行业带来了新的思考和路径。

对于罗林，对于安东石油的全球化，若将数字升级看作是追随技术发展、面向未来的时代议题，那么人文关怀和社会责任就是在漫漫历史长河中亘古不变的永恒命题。

平台延伸：从"石油同学"到"安同油气商城"的不断尝试

在全球化时代，短视频搭乘数字技术成为全新的信息载体。在茫茫短视频的大海中，一个名为"石油同学"的视频号陡然走俏，刷新了公众对于石油这一大自然恩赐的认知。在这里，"石油同学"引领着"粉丝"走进广袤的大漠荒原，探寻"一带一路"倡议发展国家的神秘时空。"粉丝"们透过镜头语言，感受到璀璨夺目的文化，感知到异国他乡的故事，也体会到中国石油人的创新与探索。引领这一神奇短视频之旅的就是罗林。

什么是"石油同学"？站在互联网和数字时代转型的十字路口，罗林这样思考着：漫漫征途，如何出奇制胜地讲述安东故事，如何面向世界展示石油行业的美好与价值，如何唤起更多人对石油行业的关注与热爱。

在罗林的不断思考与大胆尝试下，安东集团的"石油同学"在新媒体大潮中应运而生，构筑起全球化的国际石油领域相关人员交流共享的线上空间。这不仅是一种商业模式和交流平台，更是一种文化传承和价值共享的典范。在这里，人们不仅可以分享经验和知识，还可以感受到一种跨越国界和文化的友谊和团结。

罗林作为平台的代表人物，不仅在业务上具有独到的见解和经验，更是一位注重人文关怀和情感交流的企业家。他通过"石油同学"平台与"粉丝"进行互动交流，分享自己的人生经验和价值观念，向世界展示了一个真正的"全球公民"的形象。

如今，谈及自己的"粉丝"，罗林不免自豪地讲道："现在'石油同学'的

董事会主席罗林做客"石油同学"平台分享客户体验管理

'粉丝'有3万人，在石油这个小众环境里，这个数字已经很不容易了。有一个石油平台有10万'粉丝'，但它足足做了10年。因此，我们本来的计划是一年实现5万'粉丝'，没想到第一季度就超过了3万，所以现在的目标是12万，争取一年就赶超。"现在，罗林已经真正成为一名"石油网红"，每到一个地方总会遇到自己的"粉丝"。

除了社交平台，在行业内部，面向广大的石油同行，安东集团倾力打造安同油气开发商城，实现在线采购、供应链管理、订单跟踪等一体化服务，是全球化、规模化的油气勘探开发领域平台。作为一家在"一带一路"倡议中成功落地的企业，安东石油技术充分利用自身在油气领域的技术优势和管理经验，不断创新服务模式，为其他中国企业"走出去"提供了有力支持。

比起商业价值，安同商城更珍贵的价值在于它是罗林及安东全体员工"石油情怀"的理想寄托。在多年的从业经历中，罗林见过很多企业因为行业供需信息不匹配、信息交换不及时等困难纷纷无奈退出，他为此深感遗憾与可惜。

因此，罗林坚持要打造一个独属于石油的平台，要为跨境采购行业提供最畅通的途径。目前，安同集团拥有客户单位3100余家，覆盖国家和地区超80个，2022年交易额达到77亿元人民币，并有望在2023年突破200亿元人民币。安同油气商城既帮助了合作伙伴相互赋能，也实现了安东自身的业务大发展。

"石油同学"和安同商城平台的成功，不仅展示了安东集团在技术研发、市场拓展和文化传承方面的实力，更是一种追随"一带一路"倡议，对全球化初心的坚定信仰和实践。创造了短视频流量神话的罗林，对"一带一路"沿线国家的情感是如此豪迈而深沉。

结语

"安东人最高的境界,每到一个地方,就是一段非常美好的旅程,带着美好的心愿,带着我们非常有价值的技术,帮助当地人高效地开采石油,给老百姓带来财富,带来知识,带来健康。"罗林如是说。

未来,安东将继续深耕"一带一路"倡议,以更加深厚的家国情怀投入中国民营企业"走出去"的浪潮中,致力于人文交往和人性化管理,创新"安东模式",树立智能化、现代化、绿色化的全球油田管理典范,促进人与自然、社会的全面和谐共进。

新希望集团有限公司

全球农牧产业的中国方案

  房屋凌乱地倒在一片废墟中，撕心裂肺的哭喊声从四处传来，痛苦和绝望充斥了这块土地。这里是 2023 年 2 月 6 日刚刚发生过 7.8 级地震的土耳其。

  当所有人都还沉浸在突发灾难带来的伤痛中时，新希望土耳其公司生产部经理张学才努力打起精神，迅速成立救灾协调中心，投入救灾物资采购周转的工作中。屋漏偏逢连夜雨，当晚又遭遇雨雪降温，张学才一行人在冰冷的雨点中穿梭，紧急购置救援工具、药品和秋衣秋裤等，采购完又马不停蹄地装车送往一线，额头上渗出的汗水与雨水融在一起。

  "葡萄糖！葡萄糖很紧缺！"接到来自前线的需求，张学才立即调动所有人力，寻找葡萄糖获取渠道。可是，当时的葡萄糖非常稀缺，市场上到处都没有！几乎用尽所有的办法后，仍没有找到。猛然间，他又想到了一个人，找她说不定可以解决……

全球农牧产业的中国方案

新希望与当地居民一起举办活动

共患难：新希望的两次"埃及片区阵地战"

2014 年，新希望在土耳其拥有了第一家反刍饲料厂。时光荏苒，2023 年 2 月 6 日，土耳其突发 7.8 级大地震。公司位于受灾较为严重的阿达纳省，这里的许多片区已经成为废墟。

作为距离灾区最近的中资公司，新希望迅速准备人力，开始调动资源驰援灾区。就在这时，一通求助电话打到了新希望办公室。这通电话是中国驻土耳其大使馆打来的，大使馆和土耳其中资企业总商会一起，明确表达了希望公司能作为临时救灾协调中心，负责后方物资的采购和周转，为前方中国救援力量、华人华侨企业及周边社区提供必要的帮助。生产部经理张学才接到电话，毫不犹豫地说："完全没有问题，我们全力配合。"新希望临危受命，将自己的厂房腾出来，作为救援人员的临时办公地、物资集合基地和补给站，同时承担起土耳其中资企业总商会临时办公支援点的职责。

在接下来的几十天里，救灾协调中心的主要任务就是根据清单迅速采购物资，再连夜装车，第一时间送到前方一线的蓝天救援队、公羊救援队、国家救援队等队伍手里。在物资紧缺的时期做采购非常辛苦，救援队所需的救援工具、食品药品大多是紧俏物资，张学才向国内员工回忆时说："我们在土耳其的所有员工都被发动起来，到处寻找物资！"

谈起寻找葡萄糖的那次经历，张学才回忆道："在那个当口，大家能找来葡萄糖真不容易！"当时，土耳其中资企业总商会向新希望寻求葡萄糖，但张学才和工作人员们问遍了整个市场也没找到葡萄糖。就在大家一筹莫展的时候，张学才突然想起可以试着求助妻子的妹妹。他妻子的妹妹是当地一名教师，认识的家长们分散在各行各业，通过家长们的搜寻，说不定可以找到葡萄糖。张学才的妻妹立刻发动家长一起寻找，家长们都行动了起来，调动所有的资源积极响应。最终，在一名家长的指引下，张学才和土耳其中资企业总商会会长助理沈秦巍驱车来到了一家药店。一听到是中国的救援队要在一线救人使用时，头发花白的药店老板毫不犹豫地就将库存的116瓶葡萄糖和38瓶生理盐水全部捐了出来。此情此景让在场的所有人都为之动容，张学才、沈秦巍和药店老板紧紧握着手，热泪盈眶地互相连声感谢道："谢谢你们，谢谢你们！"

在那次救灾中，以新希望土耳其公司为基地的救灾协调中心总共协助土耳其中资企业总商会募集了约3000多件、重达15吨的各类应急救援物资，张学才、沈秦巍和商会、新希望土耳其及协调中心成员一起，"几乎把方圆50千米内的所有商店都搜罗了一遍"。土耳其中资企业商会协调人评价道："在土耳其的所有华人华侨和中资企业都是幕后英雄。"

实际上，土耳其这场与天灾的斗争并不是新希望的第一场"战役"，新希望的第一场"阵地战"是在埃及打响的。站在埃及新希望六和第一座饲料厂的楼顶上眺望，四周是萨达特工业区零零散散的低矮楼房，再往远处就是一望无际的漫漫黄沙，一切沉默而孤独。此情此景之下，更显得新希望工厂那一簇大海般的蓝色更加明快亮眼。正是 100 多名中埃新希望员工承受着巨大的政治环境、市场环境压力，1000 多个日日夜夜不辞辛苦地坚守阵地，才留下了这茫茫大漠中代表"希望"的一抹蓝。

2011 年，新希望埃及分公司刚刚建立就遭遇了埃及政局变化，一时间，周边外企们满面愁容，哀声一片。因投资国政局动荡给出海投资企业的经营和投资带来的风险和不确定性是出海企业最害怕遭遇的问题之一，一旦遇上，总是难以避免给企业带来重大损失。

这时候，新希望还处在以在海外当地发展饲料产销一体化为主要业务的阶段，刚刚把触角伸到埃及。面对未来的不确定性，很多在埃及的外资企业都选择了撤离。但埃及是"一带一路"沿线的重要国家，与中国拥有良好的合作关系，埃及市场客观存在着巨大的饲料需求及食品消费潜力，新希望实在不忍轻易放弃。于是，面对企业纷纷撤离埃及的情况，新希望没有盲目跟风，而是在对当时的内外部环境进行综合评估后，选择了坚守阵地，逆风前行。当年 4 月，新希望完成土地选址的考察，购入位于埃及萨达特城的一块土地，用于饲料厂的建设。

在当时，萨达特城和埃及众多新兴城市一样，建设十分缓慢，萨达特工业园更是位于城区 10 多千米开外的沙漠中，区内基本没有生活配套设施，再加上地处荒漠深处，室外长期暴露在 40℃的高温下，园区工人作业条件极差。新希望来到这里之后，员工们拼着一口气投入厂区建设工程中。为了尽可能改善员工的工作环境，新希望硬是在沙漠里垦出一片菜地，种上中国人餐桌上常见的一些耐旱蔬菜，又特地从四川老家调来了手艺高超的川菜师傅，让这里的中国员工辛苦一天后能吃上一口家乡菜。

因政局动荡、条件艰苦，新希望在埃及的第一座饲料厂直到 2013 年才建成投产，与埃及分公司建立足足隔了两年建成后，新希望埃及员工们走过了 13 万千米的路程，拜访了 1000 多个重点客户，沙漠中的路途是怎样的艰辛跋涉不言而喻，有时候路程遥远、地点偏僻找不到宾馆，大家只能在车上将就着过夜。工作组成员要克服的不只是不安的政治环境和落后的生活条件，还有沙漠里的极度孤独。

新希望埃及片区的工厂养了一只叫 Tiger 的小狗，因为长期困在沙漠里郁郁寡欢，竟然跳楼两次。连单纯美好的人类朋友都无法忍受这个地球上最寂寞的地方，员工们所受的心理折磨可想而知。但这些困难都无法消磨新希望员工们的斗志，大家花了很多时间与 Tiger 交流，带给它很多快乐。万物皆有灵性，也许小狗理解了这群人类的使命，终于恢复了活蹦乱跳的状态。在与小狗交流的过程中，员工们自己的抑郁情绪也逐渐消散，渐渐恢复活力，继续投入工作。一整年的时间里，员工们的血汗足迹遍布全埃及，最终让公司实现了当年投产当年盈利。

此后，新希望在埃及的第二、第三家饲料厂和第一家种禽厂相继落成，它还与萨达特大学联手培养养鸡人才，培训养鸡户的养殖能力，提升当地养殖人才的水平。在埃及寥远曲折的黄色大地上，种下了越来越多象征着农牧食品行业希望的蓝色种子。

从 2013 年开始，新希望进入全球化的第二阶段，在饲料主业之外，主要以投资建厂的方式陆续向"一带一路"沿线的斯里兰卡、老挝、埃及、土耳其、缅甸、新加坡、尼泊尔、印度等国家延伸，以财务投资的方式在拥有优质土地和技术资源的澳大利亚、新西兰建立供应链，向食品、优质蛋白上下游拓展，利用全球市场帮助自身实现工艺升级、产品升级、价值升级。截至 2022 年年底，新希望累计投资建设近百家工厂，海外员工超过 2 万人，海外年营收超过 200 亿元人民币。

新希望埃及工厂员工合影

同进退：漂洋过海相互扶持的新希望人

除去极少数早期"打江山"的员工是中国籍外，新希望海外本地员工已占80%以上。出海多年，新希望海外团队呈现出了惊人的凝聚力，虽跨越种族和国籍，大家却是紧紧团结在一起的亲密家人，无论是疫情、动荡，还是自然灾害，都不能将他们打散。

这难能可贵的凝聚力首先来自新希望对员工充分的尊重、关怀和人性化的企业管理制度；其次，对待当地的宗教习俗，新希望充分尊重并始终保持中立；最后，坚持产销一体，保证产品质量过关，从根本上获得当地市场的高度认可。

新希望为投资国当地做出的贡献是被当地民间所真正看见和感受到的，对外籍员工的尊重与友好也在日常生活的点滴中有所体现，员工们看在眼里记在心上，所以当外交关系不稳定或是本国治安陷入混乱时，其他跨国投资企业都可能遭遇打砸、抢掠，而新希望从未遇到过这种情况。偶尔有闹事的组织找上门来，新希望的海外本地员工们甚至自发地排成一堵墙挡在公司大门外，挺身而出维护公司，在动荡的日子里，海外子公司依然能够在大体上保持着正常运转。

2014年5月，正值越南近20年来针对外国企业的负面情绪最高涨的时期，暴力活动屡见不鲜。公司在越南的6家工厂门口都曾有游行队伍经过。然而，纵观事件全程，新希望海外员工不仅没有带头闹事，反而帮助公司隐瞒中方背景、主动保护公司的中方职员。在越南子公司所在地胡志明市最动乱的时刻，中国员工甚至在本土员工的帮助下，搭乘当地员工的车辆跑到邻国柬埔寨避难，幸运躲过一劫。事件结束后，新希望没有进入460家受害企业的名单中，很快就恢复了正常的生产经营秩序。在埃及，新希望的坚持成功带动了当地农村青年就业，走上正轨后，埃及新希望也通过发放扶贫礼盒、有针对性地组织中埃员工募捐，帮扶当地困难家庭和因重大变故返贫员工等方式帮助贫困群众，为他们送去希望。

2014年，新希望为全球员工建立了"美好互助金"，员工每年缴纳会费即视为入会，可在会员和会员父母、配偶、子女遇到重大疾病、意外伤害、自然灾害等情况下予以帮扶，近三年已累计帮扶菲律宾、孟加拉国、柬埔寨等10个员工家庭，救助支出近20万元人民币。

同年年末，作为海外本土人才培养的一个环节，新希望六和创新人才培养模式，与新华都商学院携手，共同举办了针对海外本土员工的MIB课程计划。课程为家庭困难的员工提供助学贷款，学员考核通过后可以获得商学院MIB硕士证书。项目旨在帮助海外本土员工快速熟悉新希望企业文化，提升其管理能力，为海外事业提供更丰富的人才储备。新希望六和在海外许多公司的所在地都属于发展中国家，如越南、柬埔寨、印度尼西亚、埃及等，大部分海外本土员工的家庭并不富裕，经济上的拮据限制了一些拥有潜力的员工们寻求更好的人生发展。MIB 项目就是为这一人群设立的，通过助学贷款资助他们求学，再安排著名商学院课程，后续在工厂的实践中进一步提高他们的实操和管理经验。

Abdul Jaelani 是新希望六和雅加达公司的一名青年员工，虽然 2014 年的他只有 22 岁，却已经在新希望六和雅加达公司原料会计的岗位上工作了三年。工作后，他不满足于自身学识技能现状，白天工作，晚上到印度尼西亚当地大学学习，不断充实自我。2014 年 10 月，MIB 项目的出现让他眼前一亮，这个项目仿佛就是为他量身打造的，既能学到更多与职业岗位相关的知识，还有机会获得奖学金，减轻经济压力。当年年底，Abdul Jaelani 来到中国，开始 MIB 班的学习。在这里，他如愿以偿地充实了自己的知识技能，度过了一段愉悦的时光。在新希望六和年终晚会上，他为中方员工献唱了一首具有印度

新华都商学院、新希望六和 2015 年联合培养外国留学生工商管理硕士（MBA）结课座谈会

尼西亚民歌风格的歌曲《美丽的梭罗河》，作为受到各方照顾的回馈。

MIB 计划是新希望与海外员工喜闻乐见的"双赢计划"，一方面，它培养了新希望员工在各个专业领域的技能，尽可能挖掘释放他们的潜力，帮助员工实现个人发展，也为新希望六和海外公司培养了更多的本地化人才，有利于公司在当地的未来经营拓展。另一方面，来华学习的体验增强了他们对中华文化、企业文化的认同，也加强了新希望员工内部的凝聚力。

东南亚二十年：新希望和它的"一带一路"老朋友

2017 年 11 月 16 日，越南北江农林大学校园内的足球场上，一场紧张刺激的足球比赛已经进入白热化阶段，一方是由二十岁出头青春洋溢的小伙子们组成的农林大学校足球队，另一方是由年龄跨度十几岁的新希望越南北江公司员工组成的北江公司球队，双方球员互不相让，在赛场上奋力奔跑。随着一声哨响，比赛结束，北江公司以 9∶11 的成绩惜败农林大学。

"友谊第一，比赛第二"，足球赛结束后，双方愉快地共进晚宴，开始讨论起此次联谊的"正事"。新希望北江公司来到农林大学主要是为两件事，一是庆祝越南第 35 个教师节暨新希望"动保中心"正式运行一周年，二是来操办新希望北江提供给包括农林大学在内的众多越南大学的"美好明天"助学金相关事宜。自从一年前北江公司与北江农林大学合作的"新希望动保实验室"顺利运营之后，校企双方的交流合作日益深入，与这次"校企联谊"足球赛相似的活动不在少数。

在两年后的 2019 年，新希望集团入选 CCG 全球化智库评选的"2019 年中国企业全球化十大榜单"；2023 年，新希望已经发展成为年营业收入超 2700 亿元人民币的主要经营现代农牧与食品产业的大型集团，在全球拥有分（子）公司超 600 家。尽管已是一家全球化布局范围十分广阔的企业，东南亚的越南、印度尼西亚、柬埔寨等依然是新希望在农业领域处于核心战略位置的国家，和新希望的关系极为亲密，与新希望员工的友谊历经多年仍坚不可摧。

新希望与越南的故事，还要从二十多年前说起。

1996年，董事长刘永好的一篇《奔向大海》宣言发表，昭示着新希望加入四川首批"走出去"企业的行列中。与许多同期出海的企业一样，对海外情况一头雾水的新希望首先选择了相对熟悉的"近邻"东南亚。1999年，完成前期初步筹备工作后，公司一路南下来到越南，在这里的胡志明市工业开发区投资建设了第一家海外工厂——胡志明市新希望饲料有限公司，成为新希望出海的第一座里程碑。

接下来的三四年，新希望用尽浑身解数，从各个方向努力打开越南当地的饲料市场。一方面广纳贤才，大量招募培训当地员工，派遣到各地建立分销网络；另一方面在产品质量和技术服务方面下足功夫，苦心钻研老百姓的真正需求和顾虑。多方奔走终于换来了越南市场老百姓的信任和认可，2003年，新希望在越南第一次扭亏为盈，此后公司效益一路飙升；2008年，成功跻身越南市场行业前三名。

2001年，新希望投资了第二家越南公司；2004年，新希望开始筹备向周边的菲律宾、印度尼西亚延伸业务线。在越南市场获得成功后，新希望在东南亚其他各国的开拓连连告捷，孟加拉国新希望饲料有限公司实现当年投产当年营利、柬埔寨新希望农业有限公司首次实现了与外资企业合资合作的经营模式，新希望在东南亚的业务局面一步步打开。

随着经营进入新阶段，新希望开始追求农牧行业的纵深发展，逐步加入肉蛋奶加工、保健品、宠物食品等行业。"一带一路"倡议提出以后，新希望更是以沿线国家为重点，加快全球布局节奏，逐步打开了在智慧城乡、金融投资领域的新局面。此时，新希望的视线更多地看向了遥远的海平线以外。但即便如此，代表着新希望海外发家的"根"——新希望六和海外布局的核心饲料业务依然在东南亚生机勃勃地发展着，并跟随整个新希望集团农牧食品产业链一体化的改革方向，向饲料业务的两端——"养殖"端与"消费"端探去。东南亚成为新希望整合全球合作资源的一部分，作为农业食品全产业链上的一环持续不停地运转着。

作为新希望集团旗下子公司的新希望六和股份有限公司于 1998 年成立，多年来专注农牧产业，是推动新希望农牧食品产业链一体化的主力军。目前，新希望六和在印度尼西亚、孟加拉国布局了禽养殖产业，在越南、菲律宾发展了猪养殖产业，正在积极探索肉食品加工等产业，以期在饲料产业的上下游寻找更多的发展机遇。

成长为大型全球化集团后，新希望在业务之外操心的头等大事就是反哺东南亚这个见证了自己出海打拼十数年青春的"老朋友"。大到扶危济困、人才培养，小到动物保护，都有新希望忙碌奔走的身影。2012 年，新希望开始勾画自己的缅甸地图，此后便大规模开启校企合作计划。在缅北，与综合性的亚达纳本大学开展实习生合作计划；在缅中，全国唯一的兽医大学设立奖学金，连续 5 年共发放逾 10 万元人民币奖学金，累计资助、培训学生超 300 人。2016 年，越南北江公司与清化公司先后以每年 12 万元人民币的投入，与北江农林大学和清化宏德大学共建"新希望动保实验室"；2021 年，新希望缅甸公司又为当地知名农牧院校耶增畜牧兽医大学提供奖学金，并合作开展线上禽病及治疗培训课程，还与东吁科技大学和莫比科技大学达成技术岗学生实习项目合作；2022 年，在印度尼西亚"开斋节"来临之际，新希望印度尼西亚公司带上米、面、油、蛋等生活食品，前往慰问望加锡区域的 Amana Kaharu 孤儿院，又捐款捐物帮助孤儿院改善设施设备，给当地孤儿带去阳光和希望。

云山苍苍，江水泱泱，希望之风，山高水长。在"一带一路"东南亚的版块上，新希望播撒着中国人的道义与情义，让世界看到中国的知恩、博爱与宽厚。

2017 新希望校企联谊足球赛：北江公司 VS 农林大学

多多益善：生物科技打开新希望全球朋友圈

  2023 年 4 月，青岛举办了中国国际肉类产业周。在展会现场的新希望摊位上，工作人员正在向食客介绍一款风味地道的法式火腿产品，这款产品属于新希望与法国科普利信合资公司联合打造的乐凡希品牌。该品牌主要生产法式火腿、法式鸭肝酱等，受到参展客商和众多食客的好评。这是新希望在"一带一路"上广交善友、跨国协作的上百项成果之一。

截至 2023 年 1 月，我国已经同 151 个国家签署了"一带一路"合作文件，加入"一带一路"合作项目的国家越来越多。与此同时，新希望本身也在迎合农业科技发展新趋势，在深度布局动物蛋白、食品产业链条上下游的基础上，融入大消费产业链上的变化态势和生物育种，布局农业科技应用领域，进一步打开视野布局欧美地区，与全球更多伙伴合作寻求优势互补，借此提升技术实力，服务更多地区的消费者。

新希望布局欧美看中的不仅是欧美巨大的农牧食品销售市场，还有来自欧美的先进生物技术，期许能够拥有更多与欧美行业龙头合作的机会。新希望六和更是趁此机会大展身手，不断争取引入欧洲成熟的农牧食品产业链一体化经营模式，与英国、荷兰、以色列等国家合作，引进优质奶牛种牛、研究减抗及无抗饲料、食品安全监测等技术课题。

目前，法国已经多次参与我国的"一带一路"合作项目，它也成为新希望六和布局欧美的重点国家。2018 年 6 月 25 日，新希望六和与法国猪产业链一体化运营龙头科普利信集团签署战略合作协议，共同致力于建设中国领先的肉猪养殖产业链。法国科普利信集团能够在不使用抗生素的情况下一年饲养 200 余万头猪，在无抗生素猪肉、生猪养殖培育领域拥有全球领先的技术。新希望六和此举正是以自身强大的动物蛋白整合能力，联合科普利信的技术优势，探索猪肉品质的进一步提升之道，同时也借此机会学习研究非洲猪瘟前沿防治技术、未来智能猪场的设计建设等产业链核心技术。作为全国头部农牧企业，新希望也承担了攻关"猪芯片"的艰巨任务，尽管打破垄断，完成生猪育种技术攻关需要很长的周期与大量的资金投入，新希望与科普利信的合作仍然是新希望完成这一重大任务不可或缺的一项助力。

如今，新希望已经将与欧美合作的部分成果搬上了中国人的餐桌，如前文提到的乐凡希品牌、新希望 24 小时鲜牛乳等。新希望 24 小时鲜牛乳是

2022年新希望力推的一款巴氏杀菌乳饮品，以"极'质'新鲜、极'质'营养、极'质'标准"为特色，上架时间全程不超过24小时，其中黑色包装"娟姗限定款"的牛乳原料就来自新希望特地从新西兰进口的优质"娟姗牛"。

考虑到新加坡著名国际金融中心的地位和它相对稳定、成熟的政治及法律环境，新希望安排了研究团队长期驻扎在新加坡平台，主要负责汇率波动等客观因素带来的风险研判、回避和控制工作，同时统筹各地资金，支持集团全球

新希望参与校企合作建设动保实验室

业务资金周转结算工作。为了及时关注生物科技行业的最新动向，新希望还在全球生物科技圣地波士顿建立了生物研究院，完善集团的全球布局。

通过深耕新加坡、法国等参与"一带一路"合作的具有市场潜力和优势资源的国家，新希望以广阔的国际视野、迅捷的举措紧盯未来市场和技术的发展趋势，广泛交友，争取与更广范围内的食品农牧行业引领者一起推动构建生物科技、可替代蛋白技术、农业数字化应用技术等领域的发展，追求最新技术和趋势与产业场景的融合。

新希望在寻求科技赋能产业链的过程中，有技术输入，同样也有技术输出。一方面积极向农牧食品业发达的国家学习技术，另一方面利用自己目前已有的生物技术帮助欠发达的"一带一路"国家实现技术提升。新希望先后在越南、菲律宾、埃及等地建立水产服务站、动保检测中心等机构，服务当地养殖户，带动当地水产、养禽技术服务升级，也为当地的非洲猪瘟和禽流感防控工作发挥了不可替代的检测和防控引导作用。

结语

"希望，让生活更美好"是新希望成立以来一直坚持的使命，从中可以读出新希望始终以来最根本的信念：以人为本。以人为本，新希望在"一带一路"沿线结交了一个又一个真心朋友；以人为本，全球新希望人亲如一家，风雨同舟、患难与共；以人为本，新希望坚定不移地走在科技赋能现代农业与食品产业链一体化的路上，不断争取技术突破，满足全球市场的健康饮食需求。

如今，新希望整合在全球的合作资源，积极联合当地的商业伙伴，在持续良性的合作中共同打造商业目标。从"饲料"到两端的"养殖"与"消费"，从建立食品、动物蛋白核心供应和产业链能力到攻关生物科技难题，对"餐桌"的专注、对人的终极关怀推动着新希望不断前行。新希望作为中国农业食品企业的典型代表，在海外企业的管理方面联合国际合作伙伴帮助海外本土企业国际化，帮助本土企业走向国际市场，在"一带一路"沿线国家向每一个合作伙伴传递面向未来的新希望。

华立集团股份有限公司

点亮全球"工业唐人街"的燎原星火

在泰国东部的海岸边,有一条充满中国风情的街道:这里汇聚了来自中泰两国制造企业的员工,街道两旁的餐馆内充斥着地地道道的中国烟火气;商铺里人声鼎沸,飘出一首接一首脍炙人口的中文流行歌曲;超市货架上摆满了品类多样的中国商品。这里就是泰国的"工业唐人街"——泰中罗勇工业园。泰中罗勇工业园是国际产能合作宏大局面的一个缩影,更是"一带一路"倡议提出以后中国民营企业参与国际产能合作的重要载体,它的背后正是秉持"先利他再利己,抱团共赢发展"的中国浙江华立集团。

那么,以制造业出身的华立又是如何实现海外发展"三步走"的呢?

从电能表出海到泰中罗勇工业园:华立的华丽转身

华立的海外计划还要从 20 多年前说起。20 世纪 90 年代,华立虽然已成为仪器仪表行业的龙头企业,但是只限国内市场,还远远不够。所以,在 20 世纪 90 年代,华立从由"产品出口"开始转向开拓海外市场。2000 年,华

华立集团杭州总部

立不再满足于单纯的产品出海，转而开始尝试时兴的"销地产一体化"（销售所在地生产）布局，计划在泰国投资建厂。

说干就干，成立不久的国际部门派出一批生产管理骨干入泰，泰中罗勇工业园的原总裁徐根罗就是其中之一。投资建厂的愿景很美好，实施起来却是难上加难。他们租厂房、运设备、建团队，忍受着艰苦的条件，凭着一腔热血在这个全然陌生的国度单打独斗。几年间，他们遭受过本土同行的联手排挤，受到过员工直白的挑衅；因缺乏沟通和协调，他们遭到过多次投诉，频频被请到当地劳动部门"谈话"。在经历了许多曲折、走过许多弯路之后，如今的华立已经成功在海外站稳脚跟，成为一家跨国经营经验丰富、业务内容多样的大型国际化集团。除继续经营老本行仪器仪表业务以外，在泰国投资建设运营泰中罗勇工业园使华立摇身一变，成了中企入泰的服务商，以一名地道、贴心的泰国管家的形象迎接一家家赴泰投资的祖国兄弟企业，实现了从产品出海到企业出海、投资出海，最终到海外制造业集聚平台的转型，上演了一场反客为主的精彩大戏。

在最初的2005年，华立在泰国买地投建的第一座电能表工厂落成。庆功宴结束后，徐根罗团队与该工业园区的负责人偶然进行了一次关于"工业园"的对话，灵感就此迸发。这座电能表厂所在的泰国安美德工业园常年服务于世界各地赴泰投资的工业企业，华立是它的第一个中国客户。随着交谈的深入，安美德公司的华人董事长邱威功凭着对中国的浓浓情怀和对华立的肯定与信任，主动抛出了橄榄枝：希望与华立合办一家面向中国企业的工业园。华立是第一批来到泰国成功投资的中国企业，未来还将有许许多多的中国企业像华立一样带着在海外市场一展身手的抱负来到泰国，开办面向它们的工业园，这既能让后来人少走弯路，又能扩大华立的业务范围，实在是一件"利己又利他"的事，华立便答应了下来。正是这样的"无心插柳"之举彻底改写了未来整个华立出海拓展的故事方向。

彼时，本着将华立在海外拓展中的经验和教训分享给中国其他制造企业的初衷，华立开启了泰中罗勇工业园的建设。在最开始的几年，来自祖国的企业对这个新奇的工业园还小心翼翼地试探着；两三年后，看到入驻企业在华立的帮助下迅速走上正轨，进入稳定生产阶段，大家都纷纷选定泰中罗勇工业园作为入泰第一站。

好事成双，2013年以后，"一带一路"的东风迅速吹到了泰国。作为共建"一带一路"产能合作的重要载体，工业园迅速进入了更多出海企业的视野，一时间客户数量激增。泰中罗勇工业园建设主要参与人员赵斌提到，在

"一带一路"倡议提出后,泰中罗勇工业园迎来了投资高峰期,入园的企业约占70%。搭上了"一带一路"的快车后,入园企业的发展蒸蒸日上,十来年的时间里,华立明显感觉到泰国工业园的飞速成长,其规模和效益令比它大四五岁的"泰国电能表厂"也相形见绌,当年华立迫切寻找的多元化发展方向如今已然逐渐明晰。

如今,泰中罗勇工业园已经成为中国企业在东盟最大的产业集聚平台和出口基地,共吸引220余家中国企业入驻,带动中国对泰投资超45亿美元,累计工业总值超260亿美元。华立通过境外工业园助力了这200多家企业参与国际产能合作,在"一带一路"倡议背景下极大增强了中国制造企业的国际化资源配置能力。

面向新时代,华立的华丽转身还在国际舞台上延续。2015年,华立在墨西哥蒙特雷又开发建设了第二个中国境外经贸合作区——北美华富山工业园,

华立集团泰国电能表厂

历经 7 年的努力，园区从一片荒芜之地变成北美产业集聚之地。2022 年，泰中罗勇工业园提出，要加强建设数字化"一带一路"建设，提升园区管理和服务、资源配置、各国相关企业合作交流、政企合作方面的数字化水平，加强自身的数字化运营建设。数字化时代的浪潮没有将老牌华立淹没，而是被华立紧紧攥在手中。

"一带一路"倡议全球化梦想：华立的海外进军

2013 年，我国提出"一带一路"倡议后，中国企业轰轰烈烈地开启了面向"一带一路"沿线各国的投资合作战略计划，这股风将华立"境外工业园"业务大大地往前送了一程路。

在华立集团董事局主席汪力成看来，境外工业园区为中国企业提供了利用两个市场、两种资源参与国际产能合作的重要平台，与"一带一路"建设有着天然的协同性。由此，华立正式开启工业园服务全球的进阶之路，提出面向全球打造"三大三小"六个境外工业园的战略规划：在泰国、墨西哥、摩洛哥各开发一个规模达到 10 平方千米以上、可容纳至少 500 家中国制造企业落户的中国工业园，这是"三大"战略规划。同时，选择恰当时机，在越南中部、中亚、东非等地再各开发一个 3~5 平方千米的小型特色工业园区，这是"三小"工业园计划。"三大三小"将持续帮助至少 1000 家中小制造业企业参与全球制造资源配置、培育跨国经营能力。

"三大三小"工业园实行由点辐射面的模式，以所在国当地市场为主，适当辐射周边国家。从地图上看"三大"所在的泰国、墨西哥、摩洛哥三个点不难发现，它们的纬度相似，华立正是希望由这三个点向它们所处的片区辐射出去——布局泰国主要面向东盟和南亚市场，落地墨西哥是为了拓展北美及拉美市场，而扎根摩洛哥则是为了辐射欧洲、中东、非洲。通过"三大"工业园，将华立"利他即利己"的理念在更大范围推广开来，同时优化全球产能布局。

2015年，在"一带一路"倡议持续深入推动的背景下，华立启动了墨西哥北美华富山工业园的项目开发工程。面对全然不同于东南亚的新环境，华立接连遭遇此前从未面对过的障碍，不同的东西方文化，不同的法律体制，不同的做事方式，这让华立人又开启了从0到1的新探索和实践。

"你不要成为中国的当地企业，你要成为当地的中国企业！"这是华立海外发展的目标，引领华立要不断去融入东道国。

回顾进军全球遇到的棘手难题，华立总结出了制胜的关键所在。"积极主动地融入当地主流社会、真正做到尊重当地政策法规及社会风俗、广交本地朋友"三大行动要点是最终帮助华立境外工业园项目实现本土化的法宝。在融入的过程中，华立发现，与海外伙伴接触，无论是商务洽谈还是朋友间往来，最重要的就是要以对方听得懂、理解一致的方式来交流，要将自己想说的话转化为对方听得懂的语言去表达。

在华立与外商交流的过程中，曾因为文化差异发生过无数次令人哭笑不得的误解。正如在中国商场上，有个词语常常被提及，叫作"共赢"，"合作共赢""互利共赢"等。然而，当华立向合作方提及"共赢"时，却引发了对方深深的不解。"共赢，很奇怪"，他们说，"你也赢了我也赢了，那谁输了？"他们觉得自己遭到了对方的"忽悠"，这一时让华立噎住了。"共赢"一类的词汇对于中国人来说很好理解，而经过翻译后，海外的合作方往往会从字面上去理解，反而误解了华立海外团队的一番好心。

同样，对方的很多处事风格和文化也与中国的商业文化相悖，有时候甚至会让华立感到惊诧。中国人做生意往往讲究交情，两个企业之间业务上你来我往，偶尔做些让步、卖个人情再正常不过，而墨西哥人却完全无法接受，讲究利益至上的他们总是严格按照行业规定行事。华立在这种时刻总是选择先停下来，将属于中国商场的思维习惯先搁一边，站在对方的角度去思考他们的问题，理解对方的想法，最终共同商讨出双方都能认同的方案。这样既保障了项目的高效推进，又让华立交到了更多来自不同国家、拥有不同文化背景的好朋友。

从过往种种经验中吸取教训，华立积极转变自身思维，充分尊重当地的规章制度和风土人情，尽最大可能换位思考，许多问题便在华立的人文情怀中冰冻融解。

华立在乌兹别克斯坦的电能表工厂

从工业地产到深耕服务：华立的"工业唐人街"计划

华立最初经营工业园，主要业务还是传统的工业地产开发，以赚取土地差价为主要营利模式。随着工业园区规模的不断增大，华立意识到，产业集聚能衍生的东西远远不止这些，华立还可以为扎根泰国、墨西哥等国的兄弟企业做更多事情。于是，打造"中国企业参与国际产能合作的一站式生态服务平台"的目标应运而生。

泰中罗勇工业园的规划面积已经累积到 20 平方千米，主要吸引汽配、机械、家电等中国企业入园设厂，园区内部划分为一般工业区、保税区、物流仓储区和商业生活区。目前已经开发了超 10 平方千米，入园企业 220 多家，其中 190 家是生产制造类企业，另外 30 多家是围绕着这些生产制造业企业的商业服务企业，如会计师事务所，税务中介机构，以及一些物流仓库服务企业等。一方面，它们在工业园区里慢慢地形成了一个小的生态圈——在大家的努力下，工业园内已经开启了自循环模式；另一方面，华立也作为"自循环"全体成员的服务商，作为贴心的本地管家为把一切尽可能安排妥当，为入园企业参与国际产能合作提供覆盖全程的保姆式服务，发挥产业集聚的优势，促进资源共享。

华立境外工业园区致力于为入园企业争取泰国的优惠条件、优化企业服务，寻求利于企业全球配置资源的海外布局，华立的参与为企业提供了更安全、更高效的经营环境。入园企业大多由华立的双语专业化团队提供从前期调研到入园的全程一对一跟踪保姆式服务，同时以华立自身在泰投资的经验和教训为基础，与企业们展开互相学习与合作；就海关、税务、劳工和电力等不同部门的不同问题给出解决方案。在优惠条件方面，入驻企业可享受企业所得税减免、机器及原材料关税减免，可拥有土地所有权等优惠政策。工业园成套推出的全包式服务为入园企业解决了投资建厂初期的困难和障碍，大幅降低了企业投资的风险和门槛。

大量中企的入驻让这里产生了"中企集聚效应",中国文化氛围日益浓厚,商业生活区内的中国商品摆满货架,再加上数量众多、口味地道的中餐馆,商铺内飘出的中文歌曲,共同让这里变成了名副其实的"工业唐人街",而在这里工作的泰国员工也乐得体验"工业唐人街"内的中国风情,两国员工相处十分融洽。

如今,以泰中罗勇工业园为代表的华立境外工业园总体以打造集制造、会展、物流和商业生活区于一体的现代化综合园区为整体目标,立志成为中国制造企业进军"一带一路"沿线东南亚、东非、北非、中亚区域的首选中转站,并拓展提升自身作为"工业唐人街"的服务能力与影响力,结合华立国际化发展战略导向,逐步寻求保姆式服务的进一步升级。

一方面,园区将持续优化数字化管理服务系统,为客户提供智能化数字服务。比如,华立正在设计一款面向境外工业园区客户的数字化驾驶舱产品,客户可以通过手机端直接了解到我国最新的出海投资相关政策、海外项目所在地的政策及诸多利益相关的信息,或是关于所在地突发情况的说明、通告等,这一产品尚处于 1.0 版本,未来将朝着更为全面智能的方向优化升级。另一方面,园区不断探索创新华立与入园企业之间更广范围、更深层次的"双赢""共赢"合作方式及华立的长期盈利模式,如供应链服务等。对外,创新工业园区与入园企业用合作共赢的方式,优化企业跨国经营格局,同时着重探索中国制造企业参与重构全球供应链之路。

就这样,以泰中罗勇工业园为首,华立打造的境外工业园区像是"一带一路"这条银河带上的许多中国制造企业的根据地、中转站,让"一带一路"上群星般闪耀的中国民营制造业企业有了深深扎根在异国他乡的"工业唐人街"。华立将"一带一路"上星星点点的中国制造业民企串联起来,凝成一股强大而包容的力量,在不同国家和地区的土地上与本土环境深深融合。华立正携手海

如今的泰中罗勇工业园园区

外各国的中国制造企业，将"一带一路"旗帜下的民企出海征程走得更为灿烂开阔。

全球化与人文化融合：华立要做中国民企出海的形象大使

华立集团的照片墙上有一张照片格外引人注目——照片上小女孩一双亮晶晶的眼睛清澈见底，让人们的视线不自觉地被深深吸引。十几年前，凭借一株青蒿，华立向非洲伙伴们展现了来自民营企业的"中国力量"，把"中国温度"

送出国门，传递到所涉之处的各个角落，这张照片就是这个故事最好的证明。

这是一位肯尼亚小女孩，名叫"Contecxin"（科泰新），放眼肯尼亚，她的名字独一无二，因为这是一种青蒿类药物。2006年，她的母亲在孕中感染了疟疾，如果用常规抗疟药奎宁或者氯喹医治，即使保住了母亲的性命，也很容易导致孕妇流产或者胎儿畸形。那时华立的抗疟药"科泰新"已经在当地市场初显身手。相较于以往的药物，"科泰新"对孕妇的副作用大大减小，医生尝试着用"科泰新"为这位准母亲医治。几个月后，这位母亲不仅康复了，还成功诞下一名健康漂亮的小女孩。"她是'科泰新'留下的孩子。"孩子母亲看着眼前的这个小生命，激动地说道，"就叫她科泰新！"

"一带一路"倡议一直强调要"走深走实，造福沿线人民"，作为民营企业，华立集团以市场化的方式响应"一带一路"倡议，通过融入"一带一路"的国际产能合作造福沿线人民，在经营的过程中履行社会责任，以境外工业园为着力点，与当地人民亲切交流互动。

华立作为"走出去"的中国企业，推动国际产能合作是它最突出的特点之一。中国的一些优势产能对本国而言是过剩的，但这些产能"走出去"之后，对部分同为发展中国家的"一带一路"国家来说却有可能直接填补它们的市场空白，促进当地工业化的发展，同时给当地人民带去就业机会，提高他们的收入。这正是实实在在的中国企业给海外投资地区带来的改变和发展。

泰中罗勇工业园就是这样，既是中国入泰制造企业的海外根据地，又是推动中泰人民"共商、共建、共享"的连接点，促进了中泰一家亲。

此外，虽然"一带一路"沿线很多国家的工业化水平是相对落后的，但它们有健康优质的农副产品，这又引出了华立正在做的另一件事——通过境外工业园嫁接全球供应链服务。工业园走向哪里，华立的供应链团队就延展到哪里，供应链团队助力东道国优质的农副产品进口到中国，满足人民对美好生活的需求，借此实现双向互利。

相应的，在互利共赢、双向合作的友好关系中，东道国也会对中国企业报以发自内心的尊重，中国企业也借此改善了在一些东道主国家心中的中国形象。在部分外国企业心中，以往中国人的形象是"擅长赚钱"，而这一印象往往伴随着一些资源掠夺的标签。而在目睹了中国企业的博大情怀和实际贡献之后，不少海外居民和企业都由衷地对中国生出了敬佩和喜爱之情。华立以推动国际产能合作的方式真实地促进了当地产业发展，带动了当地工业化进程。

以泰中罗勇工业园为例，华立在充分发挥中国传统优势产业集群效应的同时，不仅促进了泰国产业的细分和完善，推动了泰国本土工业化的发展，也在环保、扶贫等可持续发展方面成绩斐然。目前，该工业园区已经带动了泰国当地4.5万人就业。在过去，这4万多人都是泰国的农民，月收入1000多元人民币，园区对他们进行技能培训，将他们培养成具有产业能力的工人，再把他们输送到园区的中国公司，这些员工的月收入能增加到3000多元人民币。

此外，华立还定期寻找泰中罗勇工业园园区周边带有普惠性质的机构，如学校、医院等，给予资金捐赠等各种形式的支持，帮助它们改善医疗条件，完善基础设施建设；当这些项目所在地的国家发生灾害时，华立总是及时站出来捐赠，如泰国每每遭遇水灾，华立会第一时间组织当地中泰员工一同上阵，奔赴灾区参与到救灾工作中。华立切切实实改善了"一带一路"沿线国家部分人民的生活水平，提升了他们的知识水平，不仅"授人以鱼，更授人以渔"，帮助员工和当地居民掌握更多的工作技能。

在工业园区寻求本土化发展的过程中，华立尤其注重促进民心相通。鼓励联姻是其中一项，园区会组织集体婚礼仪式，祝福喜结连理的中泰员工。推广汉语、增进两国员工交流是另一项文化策略，境外工业园进行产业工人技术培养期间同时进行中文教学，园区还设置了可以免费供工人学习中文、泰文的培训班。通过学习课程，提高语言技能后，工人每个月还能多赚200元人民币工资。这一激励举措使泰国员工学习汉语的积极性大大提高，泰国园区内使用汉语的人群规模迅速增大,无形之中解决了语言这一沟通交流的大难关,也促进了中华文化在泰国民众中的传播。

推动民心相通、促进文化传播的方式还有许多。华立每年都会组织优秀员工前往中国旅游,帮助泰国员工直观地感受中国;公司购置了乒乓球桌,让中泰员工聚在一起打乒乓球、谈生活,顺势再组织一年一度的乒乓球比赛,这成为员工们的感情"催化剂";再者,华立不仅在平时的文艺活动中安排茶道表演,还将杭州的茶叶、丝绸等作为礼品,在活动中赠予泰国员工,以便他们亲身感悟中华文化。

同样,华立也尊重并支持中国员工主动感受当地本土文化。华立境外项目的放假安排一律与国内不同,总是依照项目所在地风俗进行规划。在泰国重要的节日如泼水节,华立都会入乡随俗地跟着全国一起放假,让中国员工们与泰

华立泰中罗勇工业园在泰国当地组织开展慈善公益活动

国员工一起过泼水节，回到公司再来一场公司组织的泼水节活动。华立坚信，让当地本土文化在公司内充满存在感是成为一家优秀全球化企业的必备要素。

结语

华立始终不懈追求项目所在地区本身与中国出海制造企业实现共赢，以一个个工业园区为支点，推动成百上千家中国制造企业在海外长足发展，也推动了东南亚、北非等地的社会进步。"一带一路"的版图如星辰般浩瀚，华立正以点亮这张画卷上星星点点散落分布的中国企业为己任，在"一带一路"沿线建起一条又一条"工业唐人街"。未来，华立将主推"境外工业园 + 全球供应链"的双轮驱动模式，推动中国制造业企业向"中国创造、全球制造"转型升级，全方位支持境外工业园区内的每一家制造企业释放出璀璨星光，在实现自身发展的同时，帮助"一带一路"沿线中国企业与各国企业协同共赢的步伐走得更为坚定深远，也成为践行"地瓜经济"的生动实践者、受益者。

赣锋锂业股份有限公司

让"锂论"照进现实

2022年，对于中国与阿根廷而言是充满喜悦和激情的一年。这一年，中国与阿根廷建交整整50周年，中国政府与阿根廷共和国政府签署共建"一带一路"谅解备忘录，阿根廷正式加入"一带一路"倡议。这一年，在卡塔尔世界杯上，梅西激动地接过前辈的旗帜，不惧失败、奋力拼搏，带领阿根廷队时隔36年再次捧得大力神杯。

这一年，也是中国江西的民营企业赣锋锂业在阿根廷创业的丰收年：第一个全资投产的玛丽安娜（Mariana）盐湖项目历经9年养精蓄锐般的艰苦筹备，终于正式开工。在阿根廷这片神秘而美丽的土地上，赣锋集团秉承共商、共建、共享的"一带一路"倡议理念，让"锂论"照进现实，将"锂想"注入行动，成为推动全球可持续发展的重要力量。

"火烈鸟"：悉心呵护的绿色环境可持续

当黄昏来临时，高原上的天空开始被染成橘红色，成群的火烈鸟飞向自

赣锋万吨锂盐工厂光伏板

然形成的湖泊，波光粼粼。湖中，火烈鸟翩翩起舞，捕食着游弋的浮游生物。落单的骆马在湖边啃食着青草，远处的山峦在晚霞的映衬下，变得更加雄伟壮观。

　　随着夜幕缓缓降临，高原上的动物们纷纷活跃起来。在黑夜的掩护下，狐狸、猫头鹰等从巢穴中走出，悄悄地潜伏在隐蔽处等待猎物。宁静的高原，野生动物与自然环境交织在一起，彼此依存，用相融的呼吸声谱写出一曲和谐的自然交响曲……

　　作为在这片土地上生活了数千年的"当地居民"，高原上的野生动物依然保持着如祖先一般的生活习性。如何在维持发展的前提下与地球生态和谐共生，赣锋锂业用阿根廷项目开发的实际行动写下了自己生动而真实的答案。

阿根廷位于南美洲东南部，拥有丰富的锂资源储量和巨量的盐湖资源。同时，其锂盐湖资源禀赋优异，锂离子浓度和杂质含量均处于较优水平，较普遍的高原地貌更加利于提供清洁能源。

在"一带一路"倡议提出后的第二年，赣锋锂业便通过建立合资公司和债转股等方式获得了阿根廷玛丽安娜锂盐湖项目80%的权益，自此拉开中资锂矿企业进入拉丁美洲阿根廷市场的序幕。

在盐湖周边的自然生态保护区，赣锋锂业积极采取了一系列措施，以确保环境的良好状态和生态的可持续发展。为了保护这片高原净土，确保像安第斯火烈鸟这样的高原精灵能够繁衍生息，企业严格限制了人类活动的空间和时间，确保自然生态得到充分的保护和恢复。

同时，赣锋还定期对项目周边区域进行细致入微的环境监测，对植被、动植物、湖沼、空气质量、噪声、土壤、水质进行采样、分析，始终保持环境的良好状态。只有在这样的自然环境中，高原精灵才能真正展现它们的美丽与神秘。

企业负责人在介绍这一情况时，不免笑称道："比起从事锂行业，我们同事们更像是一群动植物学家。他们非常了解当地生物的数量和作息习惯，还会积极投入额外的志愿救助工作中。"

让"锂论"照进现实

阿根廷玛丽安娜项目为火烈鸟设立生态保护区

在这个过程中，赣锋人还有了一个有趣的灵感——建立"种子银行"。这个种子银行的目的是为全球的生态文明贡献出企业的一份力。在"种子银行"中，企业将收集和储存当地生物的种子资料，以确保这些珍贵的资源得到充分的保护和利用。同时，企业还将积极推广"种子银行"的理念和模式，希望能够鼓励更多的人参与到生态保护和可持续发展中来。

如今，环境可持续发展已成为人类生存与发展的重要课题。赣锋锂业作为一家专注于锂资源开发和深加工的企业，一直秉承"绿色发展，责任至上"的企业理念，始终把环保工作放在首位。它在生产过程中采用先进的环保技术和设备，最大限度地减少了对环境的影响，同时也积极参与各种环保活动，为推动环保事业做出了积极的贡献。

赣锋锂业的这种环保理念和行为，不仅为企业带来了良好的社会声誉和品牌形象，更为未来的可持续发展奠定了坚实的基础。它深信，"绿水青山就是金山银山"，只有保护好环境，才能实现可持续发展和长远利益。赣锋深知，减少碳足迹不仅是企业应尽的社会责任，更是对未来世代的一份珍贵礼物。

因此，赣锋在项目周边建设了一座120MW的太阳能光伏电站，作为项目未来生产的可靠电力来源。这座太阳能光伏电站完全遵循国际质量、节能及环保标准，采用先进的技术和理念，确保在为项目供电的同时，不产生任何二氧化碳排放。这不仅将有力地促进当地环境的改善，更为我们共同守护这个星球提供了坚实的保障。它就像一颗璀璨的明珠，点缀在这片神奇的土地上，为高原精灵带来了无尽的希望和梦想。

赣锋锂业还充分利用玛丽安娜项目的高原地势，通过日照蒸发的方式提锂。这不仅使环保目标得以顺利实现，更是以高效、集约的方式实现了资源的合理利用。每年，这一举措将为地球减少15.7万吨二氧化碳排放，让我们共同呼吸到更加清新、纯净的空气。此外，赣锋还采用创新的循环回收系统，实现了零废液排放的既定目标。在这一过程中，它秉承着绿色、低碳的生产理念，关注生态平衡，关心地球家园。

阿根廷时间 2022 年 6 月 3 日，阿根廷总统阿尔韦托·费尔南德斯与生产发展部长马提亚斯·库尔法斯、国家矿业部长费尔南达·阿维拉等共同会见了赣锋锂业副董事长王晓申一行，双方进行了深入的沟通，为在阿根廷的项目投资、绿色生产、经济促进等话题共同努力，以实现双方共同的目标。生产发展部长库尔法斯激动地表示："我很高兴地看到赣锋在胡胡伊省的项目后又有了新的项目进展，它对于推动建设阿根廷的锂电产业链有着巨大的价值。"

这一刻，阿根廷的未来充满了希望。赣锋锂业的到来，不仅为阿根廷带来了丰富的投资资源，而且带来了先进的生产技术和经营理念。它将与阿根廷本地企业一道，为构建全球锂电产业生态系统做出重要贡献。赣锋锂业人不仅关注着这片净土的保护，更希望通过数据监测，让更多人了解到这里的美丽与宝贵。他们希望借助自己的力量，让这片高原净土永远安宁、美丽，让更多人为之心驰神往。

"引导车"：低速高效的文化交流可持续

在阿根廷的高原盘山公路上，一辆大巴车缓缓前行，车里坐着来自中国赣锋锂业的员工们。他们身处异国他乡，心中不免有些许忐忑。然而，这辆大巴车并不是孤独的旅行者，它还有一位特殊的伙伴——引导车。

根据阿根廷当地的交通规则，大巴车在盘山公路上行驶时必须配备一辆引导车来指引方向和压低速度。当车上的员工们第一次听到引导车的规定时，他们并未完全理解其意义。

在中国，"效率至上"是行事准则，引导车只会降低车队的速度，影响效率。然而，对当地而言，引导车是一种既安全又可靠的交通工具，承载着阿根廷人重视生命、注重人文关怀的价值观念。

在赣锋锂业的员工们逐渐适应了阿根廷的交通规则后，他们开始发现引导车的优点。有了引导车，大巴车的行驶变得更加安全可靠。尤其是在复杂的盘山公路上，引导车能够准确地判断方向和路线，为大巴车提供了重要的指引。同时，引导车的行驶速度较慢，能够有效地控制整个车队的速度，可避免因车速过快而导致的交通事故。

透过引导车，我们看到了一个充满生机和活力的阿根廷，当地居民以热情好客的姿态向外来者展示着自己国家的魅力，彰显着自己独特的文化。因此，车上的员工们虽然是初次接触，但他们深知必须尊重当地的文化和规定，这不仅是为了在盘山公路上安全前进，更是为了在跨文化融合的道路上行稳致远。

尊重当地信仰、文化和风俗是赣锋海外项目的核心理念之一，也是项目团队必须遵守的准则。为了打破文化隔阂，项目团队积极参与到当地的各类活动中，与当地人民建立了深厚的友谊和合作关系。在工作和生活中，项目团队营造了一种"家"的感觉，让每一位员工都感到温暖和关爱。

在食堂里，赣锋海外项目为每一位员工提供了丰富多样的餐点选择，让每一位员工都能够找到自己喜欢的口味。这里有传统中餐，每一口都是家乡的味道，让员工们感受到家乡的温暖和关爱；食堂里也有阿根廷当地的食物，可以感受到浓浓的本地风情，让员工们更好地了解当地文化和风俗。

每年的8月，阳光热情地洒向这片古老的土地，一年一度的"Pachamama"节如约而至。在阿根廷，"Pachamama"的意思是"大地的母亲"。赣锋阿根廷的项目团队每年都会与当地社区一起，共同举行庆祝仪式来感谢大自然的馈赠。在这一天，员工们齐聚一堂，享用着传统美食和精美的饮品，在欢快的音乐声中，畅聊家常，分享心事。在这一天，我们能看到这样一幅画面：当地员工身穿着赣锋的制服，手捧着当地传统的茶饮，在"大地母亲"的雕像前祈愿。

这是一场感恩的盛宴，是对生命之源的深情表白。在这个特别的日子里，

让"锂论"照进现实

赣锋为阿根廷项目海外员工举办预防乳腺癌讲座

赣锋人用心感受着这片土地的温度和气息，用爱传承着独特的文化传统。而这恰恰与赣锋坚持环境保护、实践绿色节能可持续发展的理念不谋而合，古老的庆典蕴含着先进且值得尊重的理念。

真诚相待就能赢得真挚友谊，在文化的交流中，双向互动是永恒的主题。来自山东的一位赣锋小伙儿——温宁，选择用文字记录和讲述他与阿根廷的故事。在他的笔下，我们能够感受到阿根廷人的无限热情和文化在碰撞中的无尽魅力。

初到阿根廷，率先让温宁目瞪口呆的，便是"最高规格"的阿根廷见面礼。在中国的传统观念中，西方同性甚至异性之间的拥抱、贴面已经是比较难接受的亲近举动。阿根廷人在此基础上又增加了一个吻，而且不是象征性的轻吻，是伴随着巨大吮吸声的一嘬和过后侧脸会隐隐发麻的热情溢出般的吻。

能够与见面礼并相媲美的，非共饮马黛茶莫属。所谓共饮，便是一杯茶中插一根金属吸管，无论男女老幼，同事朋友间传递啜饮。所以，此举在疫情防控期间也被"无情"禁止。有关部门发文称"请有礼有节地避免共饮马黛茶"。

在当地，打招呼的方式也是别具一格。如果你不能握手，那就用碰撞手肘来表达你的友好；如果颠球还不足以表现出你的热情，那就用互相踢脚尖来传递你的问候。这种充满活力和创意的方式让人感受到了这个国家的热情和友好。

友情的维系需要双向的互动。阿根廷人打招呼喜欢呼唤对方的名字。玛丽安娜项目几十号人，每个人都知道温宁这一老外的名字，而温宁却无法一下子记住这些发音诡异的西语名。温宁初到项目组工作室时，他每一次来到工作区看到大家都在忙碌着，他想要和大家打招呼，但是又想不起他们的名字，于是偶尔会有些尴尬地站在那里。

而如果这时有同事察觉到了他的尴尬，并热情地呼唤他，温宁一定会心生感激。但不幸的是，他时常遇到记不起或从未听懂过这位同事名字的另一重尴尬境地，便只能敷衍一句"Todo bien"。于是温宁下定决心，私下里向同事请教某某某的名字该怎么读，又或者有没有简单点的绰号。下一次见面打招呼时，若能够顺利地叫出对方名字，会让温宁暗暗欣喜。

赣锋阿根廷的项目团队就是在这样一个充满爱意的氛围中工作和成长的。他们被当地人积极向上的生活态度所感染，被不惧挑战的乐观勇气所激励。在这里，文化深度融合，赣锋团队成为当地人民的好伙伴，他们一起分享荣誉，一起承担责任，一起迎接挑战。这种互助精神让团队与当地社区之间的关系更加紧密，也让赣锋阿根廷项目在当地社区中得到广泛认可。

2022年的盛夏是属于世界足球迷的狂欢时节，更是独属于阿根廷人民的荣耀时刻。在阿根廷队举起"大力神杯"之际，阿根廷当地的足球迷们汇聚一

让"锂论"照进现实

起,为了心中的英雄梅西欢呼呐喊。在这个热情洋溢的时刻,赣锋员工们也纷纷加入这场盛宴。

当夕阳逐渐染红天空时,赣锋员工们还在狂欢中。他们跳跃、欢呼、载歌载舞,在这个热情洋溢的夏日,他们与当地人民一同沉浸在这场足球的狂欢中。足球场上,梅西像一头不可战胜的狮子,带领着阿根廷队在绿茵场上挑战着一切。

在这座城市的赣锋员工们,用自己的方式向梅西致敬,用他们的热情和豪

赣锋锂业为当地员工提供多项技能培训

迈为这位足球巨星加油助威。他们身穿印有梅西图案的球衣,脸上洋溢着幸福和自豪,仿佛这个夏日的阳光和热情都与梅西的荣耀相连。

在这个狂欢的时刻,赣锋员工们用自己的方式表达着对梅西的喜爱和敬意,展现了赣锋人的热情和豪迈。他们用自己的行动为这座城市增添了一抹亮色,也为阿根廷的荣耀添上了浓墨重彩的一笔。这个夏日,他们与梅西一同闪耀,共同见证了足球的魅力和荣耀时刻,共同见证了属于所有阿根廷人民的荣耀时刻。

"砖房与皮卡":双向奔赴的社区发展可持续

圣安东尼奥小镇位于普纳高原的入口处,它犹如一颗璀璨的明珠,闪耀着神秘而又迷人的光芒。驾车驶入小镇,仿佛进入了一个梦幻的世界,复杂错落的街道,古老的建筑,无不透露出一股怀旧而又典雅的气息。

坦克车静静地停放在广场上,仿佛在守护着这片沉寂的古镇。在这里,岁月静好,时光如梭,恍若一幅安宁祥和的画卷。在广场上,孩子们欢快地追逐着,而老人们则静静地坐在长椅上,享受着这片刻的宁静。

赣锋锂业在阿根廷开展的玛丽安娜项目里的工人大多都来自这个小镇,他们带着对家乡的热爱,来到充满活力的赣锋锂业集团,他们在这里工作、生活和成长,共同书写着属于他们的美好篇章。

赣锋锂业一直秉承着"授人以鱼,不如授人以渔"的理念,在社区经济发展中积极助力当地基础设施建设,为当地居民提供更多的就业机会。公司通过不断创造就业条件和岗位、优先录用当地居民的方式,积极推动当地经济的发展。

为了更好地帮助当地居民提升就业能力,赣锋锂业与萨尔塔教育局及多所大学及职业培训中心签署了合作协议,形成源源不断的人才输出模式。此外,赣锋锂业还在项目周边城镇提供了一系列职业培训，包括工厂实验培训、简历制作和面试模拟培训等，帮助当地居民提升技能，增加就业机会。谈及此事，负责人自豪地说道，在那里不住土坯房而是住砖房的，并且砖房前面还停着一辆皮卡的，就是我们赣锋招聘的当地员工。

2022 年 7 月 21 日，阳光透过窗户洒在会议室里，温暖而明媚。来自萨尔塔省不同部门和社区的与会人员面带微笑，心情愉悦。他们汇聚一堂，讨论着生活中重要的一部分——玛丽安娜项目光伏电站。与会人员深知，这个会议将会对他们的生活产生巨大的影响。

在会议过程中，赣锋锂业向萨尔塔省的参会人员针对玛丽安娜项目光伏电站将对当地社区和环境产生的潜在影响这一议题，进行了详细的介绍。参会人员认真聆听赣锋阿根廷公司环境部、法务部、社区关系部和环境咨询公司 E&Cy Asociados 专业人士的介绍，了解光伏电站的技术、环境和社会影响。

同时，赣锋锂业也充分尊重和听取与会人员的意见和建议，不掩饰项目对当地社区和环境造成的任何潜在影响的可能，并尽全力地给予最为详细的解释和回答。赣锋锂业承诺将优化项目的积极影响，尽量减少或减轻消极影响，承诺将根据他们的需求和期望来改进项目。

例如，在认真倾听当地社区的意见和建议后，赣锋锂业了解到当地社区对项目的水资源使用情况极为关切，于是公司当即决定积极响应这一问题并承担责任。为此，赣锋专门成立水文地质部门，每 6 个月向社区更新一次项目取水信息的计划。这一举措不仅令当地社区感到安心，也彰显了赣锋锂业对当地社区关爱与负责任的态度。

在过去的两次水资源使用交流会议中，参会人员包括了萨尔塔省矿业部和水资源部技术人员、Tolar Grande 镇当局、社区居民等各方代表。在会议过程中，赣锋水文地质部的工作人员向大家详细介绍了已经被批准使用的及正在审批的取水点、项目营地用水量及公司就营地合理用水开展的培训等。这些信息不仅让参会人员对项目有了更深入的了解，也为他们提供了更多关于如何合理利用水资源的实用建议。这一举措受到了当地社区的热烈欢迎和好评。

人们的心情被点燃了。他们感激赣锋锂业公司对他们的关注和关心，也对公司能够积极响应并解决他们的关切感到满意。当地社区代表表示，通过会议，他们得以充分了解项目的情况，并且会议过程严格符合相关法规。他们感到非常自豪和安心，因为他们的意见和利益能够被认真倾听、考虑和尊重。社区代表相信，通过共同努力，一定可以创造更美好、更繁荣、更和谐的社区。

在这个时代，可持续发展已经成为全球关注的焦点。作为一个具有全球视野的企业，赣锋锂业深知自己的使命和责任，希望通过努力和创新，为打造全球性的可持续发展典范做出贡献。

"我们希望打造全球性的可持续发展典范"，萨尔塔省省长Sáenz在赣锋阿根廷玛丽安娜项目仪式上表示，"玛丽安娜项目是萨尔塔省和阿根廷矿业的里程碑，赣锋在技术和可持续发展等方面做出了巨大的贡献。"在萨尔塔省，玛丽安娜项目不仅是一个矿业项目，更是一个涉及环境保护、社会和经济发展的综合性项目。

作为项目的核心参与者之一，赣锋锂业充分发挥了自己在技术和可持续发展方面的优势，通过大力推动水资源利用、废水治理、废物利用等环保举措，为项目的顺利实施提供了坚实的保障。

赣锋锂业不仅是一个参与者，更是一个引领者。它积极践行着可持续发展的理念，倡导绿色矿业、智能矿山等先进理念和实践方式，以技术创新推动行业进步。正是在赣锋锂业的引领下，项目不断向着环保、可持续的方向前进，为萨尔塔省和阿根廷的经济发展注入了新的动力。

在未来的日子里，赣锋锂业将继续发挥自己的优势和影响力，通过技术创新和环保实践，为推动全球可持续发展贡献自己的力量。赣锋将会与阿根廷当地社区携手共进，打造一个更加美好、更加繁荣、更加可持续的未来。

结语

玛丽安娜项目是赣锋海外项目可持续建设、运营的一个缩影。未来，赣锋会继续加快在阿根廷的资源布局、项目建设进度，在绿色发展、锂电能源等议题上与阿根廷本土政府、企业进行更紧密的投资合作，共同为打造绿色、清洁、健康的人类生存环境贡献力量。赣锋始终在寻求环境、经济、生态间的最优平衡，在维持发展的前提下让人类与地球生态和谐共生。